# DE
# LA GRACE

> « *Le droit de miséricorde est utile quand il est exercé avec dis-crétion et discernement et sans arbitrage.* »
>
> LE PELLETIER DE SAINT FARGEAU.
>
> (Assemblée Constituante. Séance du 4 janvier 1791).

## THÈSE POUR LE DOCTORAT

PAR

### G. ROUX-DESSARPS

AVOCAT A LA COUR D'APPEL
ATTACHÉ AU PARQUET DE LA SEINE

## PARIS

LIBRAIRIE NOUVELLE DE DROIT ET DE JURISPRUDENCE
### ARTHUR ROUSSEAU
ÉDITEUR
14, RUE SOUFFLOT ET RUE TOULLIER, 13

1898

# THÈSE

## POUR LE DOCTORAT

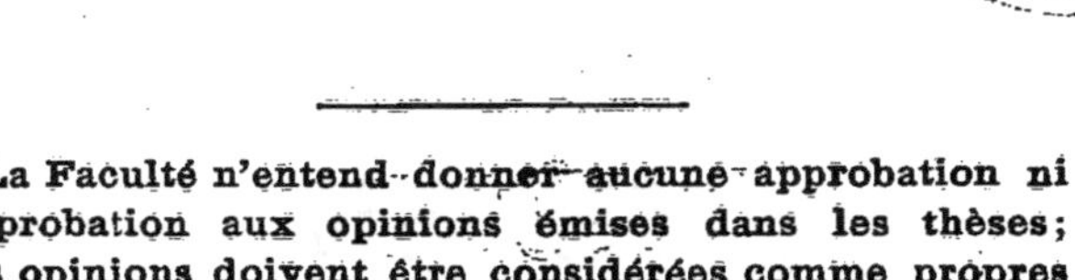

UNIVERSITÉ DE PARIS. — FACULTÉ DE DROIT

# DE
# LA GRACE

## THÈSE POUR LE DOCTORAT

L'ACTE PUBLIC SUR LES MATIÈRES CI-APRÈS

*Sera soutenu le vendredi 22 avril 1898 à 2 heures*

PAR

## G. ROUX-DESSARPS

AVOCAT A LA COUR D'APPEL
ATTACHÉ AU PARQUET DE LA SEINE

*Président :* M. LE POITTEVIN

*Suffragants :* { MM. SALEILLES, PILLET, } *agrégés*

PARIS

LIBRAIRIE NOUVELLE DE DROIT ET DE JURISPRUDENCE

ARTHUR ROUSSEAU

ÉDITEUR

14, RUE SOUFFLOT ET RUE TOULLIÈRE, 13

—

1898

# DE LA GRACE

---

## INTRODUCTION

Le mot grâce, comme beaucoup d'autres dans
la langue juridique, a deux acceptions bien dis-
tintes et qu'il nous faut préciser. *Lato sensu*, grâce
est synonyme de pardon, c'est l'*indulgentia* des
lois romaines, *la Gracia* des anciens criminalistes.

Ainsi entendue, la grâce comprend plusieurs
institutions qui, aujourd'hui, différent essentiellement dans leur cause, leurs effets et leur but,
mais furent, comme nous le verrons plus tard,
longtemps confondues entre elles ; j'ai nommé
l'amnistie, la réhabilitation, la révision et la grâce
proprement dite.

Celle-ci, dans son sens restreint, n'implique
que la remise, faite au condamné, de tout ou partie
de sa peine : c'est, comme l'a fort justement dit

M. Gouraincourt (1) la « renonciation au droit d'exécuter la peine prononcée contre celui qui a enfreint les prescriptions de la loi. »

Pour l'instant, contentons-nous de cette définition et demandons-nous quel est le fondement du droit de pardonner ? Ce droit, sans nul doute, est le corollaire du droit de punir, tous deux doivent donc nécessairement reposer sur les mêmes principes et se justifier par les mêmes raisons.

Nous n'étudierons pas en détail les divers systèmes qui ont divisé les moralistes et les jurisconsultes dès qu'ils ont voulu assigner au droit de punir une base rationnelle ; nous nous écarterions de notre sujet ; notons simplement l'idée essentielle qui les caractérise.

Dans l'un, tout se ramène à l'idée de justice ; dans l'autre domine l'idée d'utilité ; dans un troisième, celle de convention ou de contrat social : Kant, Bentham, J. J. Rousseau sont les chefs de ces écoles.

La première moitié de notre siècle a vu briller une célèbre école de philosophes ; l'école éclectique qui, réunissant les deux idées fondamentales de justice et d'utilité, légitime et limite tout à la

_______

(1) *Traité du droit de grâce sous la République*, p. 1.

fois le droit de punir par la formule suivante :
« Pas plus qu'il n'est juste, pas plus qu'il n'est
utile. » Guizot, dans son *traité de la peine de mort
en matière politique*, et de Broglie, *Revue française* 1828, ont posé les premières bases de ce système, développé plus tard par Rossi et suivi par
de nombreux auteurs contemporains.

Une école opposée, ayant Charles Comte à sa
tête, l'école positiviste, reprit l'idée d'utilité et
proposa d'étendre à la Société le droit de légitime
défense que personne ne conteste à l'individu ; c'est
le système de la défense indirecte ou préventive.

Enfin, depuis quelques années, une jeune école,
l'école évolutionniste, s'efforce de fonder le droit
de punir sur une nouvelle base : aux yeux de ces
philosophes, le criminel est un être de race infé-
rieure, poussé au mal malgré lui et sans en avoir
conscience ; *on naît criminel* ; « une prédispo-
sition fatale pousse au crime certains hommes ;
leur volonté est incapable de résister à leurs passions. » Arrivé à cette conclusion, il semble
qu'on devrait proclamer l'irresponsabilité pénale
des malfaiteurs, les traiter comme des malades,
transformer les prisons en asiles d'aliénés (1). »

(1) A. Laborde. — *Cours élem. de droit crim.* page 18.

Cette école, particulièrement en honneur en Italie, compte parmi ses principaux chefs Lombroso (1) Virgilio (2) et Enrico Ferri (3).

Quant à nous, nous repoussons catégoriquement ce système qui a pour point de départ la négation du libre arbitre. Nous préférons adopter les principes posés par l'école éclectique et, modifiant un peu sa formule, nous dirons que le droit de pardonner, de même que le droit de punir, se justifie par « l'utilité sociale limitée par la justice morale. »

Quoiqu'il en soit de ces divergences, constatons que les auteurs, à de rares exceptions près, reconnaissent tous la nécessité du droit de punir, et, de fait, ce droit nous apparaît comme ayant toujours existé.

Nous pouvons en dire autant du droit de grâce, nous en retrouvons le principe à tous les âges de l'humanité et aussi loin que nous remontions dans l'antiquité.

Chez les Hindous, *La Manava Dherma Sastra* ou livre de la loi de Manou, accorde au roi le

---

(1) *L'uomo délinquente.*

(2) *Saggio e richerche sulla natura morbosa del delitto,* 1874.

(3) *La teorica del imputabilita e la negazione del libero arbitrio.* — *J nuovi orizzonti del diritto e della procedura penale.* — *Del diritto di punire come funzione sociale.*

droit de pardonner comme un attribut de sa souveraineté.

Chez les Hébreux, *la Bible* (1) relate les droit
de punir et de grâce comme ayant leur source
dans la loi révélée ; suivant une opinion, le droit
de grâce y était réservé par le peuple réuni en
Assemblée générale pour décider sur les affaires
importantes (2).

A Athènes, il en était de même, l'Assemblée générale du peuple ou ecclésie, exerçait le pouvoir
souverain et accordait parfois des grâces aux
citoyens condamnés : le héros de Marathon, Mil-
tiade, ne vit-il pas commuer en une amende,
la peine de mort à laquelle il avait été condamné
sur la fausse accusation de s'être laissé corrompre
par l'ennemi ? Cimon et Alcibiade bénéficièrent
aussi de mesures gracieuses.

Ces faits nous prouvent que l'idée de pardon se
retrouve dans les plus anciennes civilisations ;
que l'âme humaine, à côté de la cruauté des premiers âges, a connu ce sentiment si élevé et si
désintéressé : les Athéniens dressaient des autels
à la déesse *Pitié* et les Germains érigeaient des

(1) Rois II, 14, 5 et 1. ; III 1. 51. 52. 53.
(2) Gouraincourt, *op. cit.* p. 9.

statues à *Friga et à Northus* (1) symboles de paix et de pardon.

Notre premier soin, en abordant l'étude du droit de grâce, sera de rechercher quel a été son développement chez les Germains, à Rome et plus particulièrement en France, avant et après la Révolution. Après cet aperçu historique, nous verrons en détail sur quelles bases la Constitution de 1875 a établi le droit de grâce, quels sont ses caractères, son étendue, ses effets et son but. Il nous restera ensuite à apprécier l'utilité du droit de grâce.; ce sera l'occasion de relater les arguments qui militent .ou non, en sa faveur et qui furent émis par ses partisans et par ses adversaires. Nous rechercherons pour terminer, si de récentes institutions n'ont pas enlevé de son importance, s'il n'y aurait pas lieu d'apporter certaines restrictions à son champ d'application et quelques modifications à son exercice.

(1) Tacite. — *De moribus Germanorum*, 40.

# PREMIÈRE PARTIE

## DEVELOPPEMENT HISTORIQUE DU DROIT DE GRACE

—

## CHAPITRE PREMIER

### LE DROIT DE GRACE A ROME ET CHEZ LES GERMAINS

Dans tout système pénal, le droit de grâce, au sens générique et ancien de l'expression, est inséparable du droit de punir et se trouve soumis aux mêmes lois.

La transformation graduelle des délits privés en délits publics a profondément influé sur le droit de grâce qui, dans son développement, a obéi à deux courants parallèles et inverses : d'abord, entièrement mis à la disposition des particuliers, le droit de grâce ne connaît pas de limites ou plutôt n'a pour limites que la pitié plus ou moins complète de l'offensé ; puis, à mesure que ce droit, sous l'influence de causes diverses, tombe entre les mains du pouvoir central, il tend à devenir un privilège, un attribut de la Souveraineté : ses caractères se dessinent, ses contours, de flous qu'ils étaient, deviennent nets ; mais aussi, à mesure que cette lente transformation s'accomplit, à mesure que ce droit de grâce devient une véritable institution juridique, son champ d'application se restreint de plus en plus : Telles sont les deux tendances opposées qui, depuis son origine jusqu'à nos jours, ont marqué la marche du droit de grâce.

Le développement du droit de grâce a été, nous l'avons déjà dit, très lent ; pour le suivre en détail il nous faudrait étudier à fond la transformation de l'idée de vengeance privée, conception toute germanique, en celle de répression pénale.

Cette transformation ne fut complète, en France, qu'au xiii<sup>e</sup> siècle, époque à laquelle s'effaça seulement d'une manière absolue le caractère privé de la peine.

La grâce, chez les vieux Romains, eût aussi, à l'origine, ce caractère d'ordre privé : le *pater familias* est investi d'un pouvoir absolu et illimité ; il a droit de vie et de mort sur tous les siens ; il est à la fois juge et pontife et peut à son gré, punir et absoudre.

Souvent les offenses deviennent la cause de luttes sanglantes entre les familles : l'histoire des Horace et des Curiace n'en est-elle pas un exemple célèbre ?

Un tel état de choses ne pouvait longtemps durer

et le pouvoir central, à mesure qu'il s'affermissait, devait s'efforcer d'arracher aux particuliers, pour se les approprier, et le droit de punir et le droit de faire grâce. De fait, c'est ce qui arriva et « le droit de grâce alors, pendant la longue et glorieuse époque romaine, traversa toutes les phases et subit toutes les vicissitudes d'un gouvernement d'abord monarchique, puis républicain et enfin impérial (1). »

Sous la monarchie, les rois, dès qu'ils avaient été investis de l'*imperium*, c'est-à-dire du pouvoir absolu, disposaient, par là même, du droit de grâce ; cette investiture leur était donnée par la loi curiate, en vertu de la délégation du peuple réuni dans ses comices.

Avec l'avènement de la République, l'exercice du droit de grâce fut un peu modifié ; il nous faut distinguer ici la Rome proprement dite du reste de l'Empire : « le peuple garda par devers lui tous ses droits de souveraineté qu'il exerça d'abord dans les comices par centuries, plus tard dans les comices par tribus. Les consuls, premiers magistrats de la République, n'étaient pas souverains à Rome ; on se rappelle que les faisceaux de leurs licteurs devaient s'abaisser devant le peuple. Mais, hors de Rome, en vertu de l'*imperium*, qui leur était également conféré par la loi curiate, ils avaient un pouvoir absolu.

(1) Gouraincourt, *op. cit.* 10.

Dans Rome même, une puissance absolue leur était accordée lorsque le sénatus-consulte, commençant par les mots célèbres *caveant consules*, leur enjoignait de veiller par tous les moyens possibles au salut de la République. Il en était encore ainsi, lorsque, dans les moments de grand danger, le peuple remettait entre les mains d'un seul, le dictateur, la puissance absolue. La souveraineté appartenant au peuple, lui seul ou ses délégués étaient investis du droit de faire grâce. Nous dirons donc que le droit de grâce était exercé en temps ordinaire, à Rome, par le peuple lui-même ; hors de Rome, par les consuls ou les proconsuls, et que même, dans la capitale, il pouvait appartenir aux consuls ou au dictateur investi temporairement des droits de souveraineté (1) ».

A côté du droit de grâce, et en même temps que lui, nous voyons fonctionner le droit de *veto* : ce droit exorbitant était donné aux tribuns qui, de leur propre autorité, pouvaient arrêter dans leurs effets les décisions prises par tous les autres magistrats de la République et par le Sénat lui-même. Les citoyens romains, et principalement les plébéiens, firent souvent appel aux Tribuns, *tribunum appellare*, et profitèrent ainsi de ce pouvoir pour faire arrêter l'exécution de peines prononcées contre eux. En principe,

_______________

(1) Gouraincourt, *op. cit.* p. 11.

ce veto n'était que temporaire, et son effet que suspensif et limité à la seule durée de la magistrature du tribun qui l'avait accordé ; mais, en pratique, son importance était autrement grande, car tous les tribuns, dès leur entrée en fonctions, ne manquèrent jamais de ratifier les divers arrêtés pris par leurs prédécesseurs : de temporaire, le droit de veto devenait donc, en fait, définitif et aboutissait au même résultat pratique que la grâce : cela est si vrai qu'il était plus communément employé que cette dernière.

Le fondement du droit de grâce devait bientôt changer, en même temps que la forme du gouvernement : avec l'Empire, la souveraineté, des mains du peuple, passa dans celles de l'Empereur ; pour arriver à ce but, César Octavien Auguste, le fondateur du nouvel état de choses, se fit successivement décerner toutes les charges, toutes les dignités et réunit ainsi sur sa tête tous les pouvoirs ; en vertu de sa toute-puissance il posséda tous les attributs de la Souveraineté et parmi eux le droit de grâce. Ulpien (1) a décrit la situation politique de cette époque, nous ne pouvons mieux faire que de rapporter ses propres paroles : *Quod principi placuit legis habet vigorem, utpote cum lege regia, quæ de imperio ejus lata est, populus ei et in eum omne suum imperium et potestatem conferat. Quodcumque igitur*

(1) *Lois* I, *De Constitutionibus principum.*

*imperator per epistolam et subscriptionem statuit, vel
cognoscens decrevit, vel de plano interlocutus est, vel
edicto præcepit, legem esse constat, hæc. sunt quæ
vulgo constitutiones appellamus. Plane ex his quæ-
dam sunt personnales, nec ad exemplum trahuntur:
nam quod princeps alicui ob merito indulsit, vel si
quam pœnam irrogavit, vel si cui sine exemplo sub-
venit, personam non egreditur.* « La volonté du
prince a force de loi, car, par la loi royale qui lui accorde le commandement, le peuple lui a transmis
tous ses droits et toute sa puissance. Ainsi, on doit
considérer comme loi, tout ce que le prince établit
par ses lettres, ce qu'il décide après examen ou en
jugeant sommairement, comme aussi les édits qu'il
fait publier. C'est ce qu'on appelle : ordonnances du
prince. Parmi celles-ci, quelques-unes n'ont qu'une
importance relative et ne s'étendent pas au-delà de
la personne qui en est l'objet, comme, par exemple,
si le prince accorde à quelqu'un une récompense
pour ses services, s'il inflige une peine, ou s'il accorde
une grâce. »

Si nous voulons rechercher quels étaient, en droit
romain, les principaux caractères de la grâce, disons
d'abord qu'en principe, elle ne s'adressait qu'à une
seule personne, Ulpien vient de nous le dire ; elle est
personnelle ; aussi l'appelait-on *indulgentia specialis*
et se distinguait-elle d'autres actes qui, se rappro-
chant en cela de l'amnistie actuelle, avaient pour ob-

jet d'arrêter ou de faire cesser entièrement les poursuites ou de faire tomber l'accusation, tels que
*l'abolition publique* et *l'abolition privée* (1). La grâce,
elle, ne pouvait qu'empêcher ou faire cesser l'application de la peine : Cujas nous le dit : *Pœnœ inflictœ aut infligendœ gratiam facit, impunitatem delicti
tribuit.*

Elle n'avait d'effets que pour l'avenir et ne rétroagissait jamais (2) : elle ne préjugeait pas aux droits
des tiers (3), seule la peine proprement dite pouvait
être remise ; mais, si des dommages et intérêts
étaient légitimement dûs à la victime, l'empereur, en
aucun cas, ne pouvait, par mesure gracieuse, dispenser l'auteur de l'infraction de les payer. Enfin,
la grâce ne rétablissait pas celui qui en bénéficiait
dans l'exercice des droits civils et politiques que sa
condamnation avait pu lui faire perdre :

*Indulgentia, patres conscripti, quos liberat notat,
nec infamiam criminis tollit, sed pœnœ gratiam tollit* (4) ; l'infamie survivait à la grâce : ce dernier
caractère distinguait *l'indulgentia specialis* d'une
institution similaire, la *restitutio in integrum* qui,
plus complète que la première, effaçait non seulement
la peine, mais aussi le crime, les choses étaient re-

---

(1) *L.* 9. Cod. *De calumniatoribus.*
(2) *L.* 2. 9. 6. Cod. *De sententiam passis.*
(3) *L.* 12. *Ibid.* et 9. Cod. *Ad legem corneliam de falsis.*
(4) *L.* 3. Cod. *De generali abolitione.*

placées dans l'état où elles étaient avant l'nfraction ; celui qui était l'objet de cette faveur était rétabli dans son rang, ses honneurs, et tous ses droits civils et politiques ; nous dirions aujourd'hui : qu'il est réhabilité.

*Ut autem scias*, disait l'Empereur Antonin (1), *quid sit in integrum restituere ; honoribus et ordini tuo et omnibus cœteris te restituo.* »

L « indulgentia specialis » et la « restitutio in integrum » dépendaient toutes deux de la volonté du prince et étaient accordées par des lettres de grâce dont les termes seuls différaient ; pour connaître l'étendue de la faveur accordée, il fallait donc interpréter le texte et cette interprétation, d'après Javolenus (2), devait être faite de la façon la plus large et la plus avantageuse pour celui qui devait en profiter : *Beneficium imperatoris, quod a divina ejus scilicet indulgentia proficiscitur, quam plenissime interpretari debemus.*

Le pouvoir de l'Empereur, en matière de grâce, était en principe illimité, mais, malgré sa toute puissance, l'usage avait fait admettre que certains crimes, les plus graves, ne pourraient être l'objet d'aucune faveur ; les peines prononcées pour sacrilège, adultère, stuprum, inceste, viol avec rap, violation de

---

(1) *L.* 1. Cod. *De sententiam passis.*
(2) *Digesti. De constitutionibus principium.*

sépulture; empoisonnement, homicide et paricide ne pouvaient pas être remises par voie de grâce, pas plus que celles qui avaient leurs causes dans un crime de lèse-majesté ou de fabrication de fausse monnaie (1); les récidivistes et les accusateurs de mauvaise foi étaient considérés aussi comme indignes de toute faveur (2).

Le droit de grâce, au point de l'histoire où nous sommes parvenus, a atteint un grand développement: c'est une véritable institution juridique bien éloignée de sa conception première chez les germains et dans la Rome antique. Les quelques textes que nous avons cités suffisent pour nous indiquer, dans leurs grandes lignes, ses principaux caractères; plus tard, quand nous serons arrivés à l'étude détaillée de la grâce sous la constitution qui nous régit actuellement, nous comprendrons l'intérêt qu'il y avait à mettre en lumière ces caractères, que nous retrouverons pour la plupart et qui forment encore en France, l'essence de la conception juridique du 'droit de grâce; nous y trouverons de plus un guide sûr et précieux pour l'interprétation de plusieurs points qui sont laissés à l'appréciation des auteurs et de la jurisprudence, car, quoiqu'on dise, le droit romain restera toujours la source inépuisable des vrais principes.

(1) *L.* 3. Cod. *De episcopali audientia.*
(2) *L.* 9. Cod. *De ealumniatoribus.*

Le droit romain, après son apogée, connut la décadence : sous la poussée formidable des hordes barbares, l'empire s'écroula et cette civilisation, vieille de près de neuf siècles, disparut presque entièrement, submergée qu'elle fut par le flot toujours montant de peuples nouveaux ; ceux-ci apportaient avec eux leurs coutumes et leurs mœurs et de ce fait le monde retombait dans la barbarie. Le droit romain, miroir fidèle de la civilisation qui l'avait formé, devait ressentir le contre-coup de tels événements et tomber en désuétude.

Le droit de grâce, de même que les autres institutions juridiques, dût subir cette éclipse qui, si elle ne fut pas totale, n'en dura pas moins fort longtemps.

Le droit de punir chez les Germains avait exclusivement le caractère de vengeance privée. Il n'y a pas de pouvoir social chargé de poursuivre le châtiment des crimes ; chacun se fait justice à soi-même et l'offense amène souvent la guerre entre la famille qui l'a subie et celle qui l'a faite.

La faculté de faire la guerre emporte celle de faire la paix et même de pardonner, mais, pour cela, le consentement de la victime est indispensable. Sans son assentiment pas de grâce possible. Etant connu le caractère violent et cruel des Germains, il est aisé de penser que le pardon était rarement accordé ; encore fallait-il l'acheter moyennant le paiement d'une composition appelée wehrgeld (1). A l'origine ces transactions étaient purement facultatives, mais, bientôt les rois et les princes interviennent pour rendre l'acceptation du wehrgeld obligatoire (2), pour punir l'offenseur qui ne l'offrait pas et pour faire respecter le traité de paix par l'offensé, après l'acceptation de la composition.

« L'existence de cette conception toute germanique du droit de grâce, est attestée par les faits les plus anciens, rapportés par les chroniques contemporaines des rois Francs. Si Clovis pardonna à Eulogius poursuivi pour crime de lèse-majesté, sur les instances de saint Rémi, c'est qu'il était lui-même l'offensé.

« C'est encore comme représentant de la victime que Chilpéric délivra tous les prisonniers détenus pour amendes dûes au fisc, à l'occasion de la naissance de son fils. Le même prince ne fit grâce aux malfaiteurs qui s'étaient introduits par effraction dans la basilique de Saint-Martin de Tours, qu'avec l'assentiment de l'Evêque de cette ville (3). »

Cette conception du droit de grâce devait en rendre les cas d'application assez rares et en faisait une institution d'ordre absolument privé, laissée à l'entière

---

(1) Tacite, *De more German.* C. xii.

(2) *Capit. de Worms,* de Louis le Débonnaire, an. 829.

(3) M. Louis Gobron, *le droit de grâce sous la Constitution de 1875,* p. 35.

disposition des particuliers et dont le pouvoir central n'avait pas à s'occuper ; il n'est pas étonnant, dans ces conditions, que les lois de l'époque, sauf une, la passent sous silence : la loi des Burgondes ou loi Gombette, la loi des Francs Ripuaires, la loi Salique n'en parlent pas, car elles sont directement empreintes de droit germanique ; seule la loi des Wisigots, qui ressentit l'influence du droit romain, en fait mention : « Quod si divina miseratio tam sceleratis personis cor principis miserere compulerit, cum adsensu sacerdotum, majorumque palatii, licentiam miserandi libenter habebit (1). »

A mesure que la fusion s'opère entre les vainqueurs et les vaincus, les coutumes locales de la Gaule remplacent les lois barbares : Les Francs, les Wisigots, sont devenus des Gallo-Romains. La conception Germanique tend à disparaître ; les délits privés sont frappés de peines proprement dites, l'offensé perd, au profit du pouvoir central, le droit de vengeance et celui de pardon, le roi tend à réunir sur sa tête, tous les attributs de la Souveraineté ce qui, plus tard, permettra à Argou (2) d'écrire : « La vengeance est interdite aux hommes, il n'y a que le roi qui puisse l'exercer par ses Officiers en vertu du pouvoir qu'il tient de Dieu. »

---

(1) *Lex Wisigot.* Lib. VI, tit. 1, caput VII. *De reservata principi potestate parcendi.*

(2) Argou, *Institutions du Droit français.* Liv. III, ch. XXXVIII.

Avant d'entreprendre l'étude du droit de grâce en France, notons pour mémoire le droit d'asile qui s'en rapproche un peu par ses effets, et que nous pourrions appeler le droit de grâce divin : tout condamné qui réussit à se réfugier dans un temple, se trouve, par là même, placé sous la protection de la divinité à qui le temple est consacré ; sa personne devient inviolable et il se soustrait ainsi à l'exécution de la condamnation prononcée contre lui.

Le droit d'asile date de la plus haute antiquité : La Grèce nous en offre un exemple fameux. Pausanias, roi de Sparte, condamné pour crime de haute trahison, avait réussi à se réfugier dans un temple, personne n'osa l'en arracher par crainte de la vengeance divine, mais ses sujets, pour lui faire quand même expier sa faute, murèrent toutes les issues de l'édifice où le traître mourut de faim.

Le droit d'asile prit, dans la suite, des proportions considérables et devint même à Rome, à un certain moment, une cause de danger public : le nombre des bandits, refugiés dans les lieux sacrés était si considérable, qu'il fut une cause d'insécurité, à tel point que le Sénat crut devoir y mettre ordre en décrétant la suppression de ce droit (1).

De Rome, cette coutume passa en France, où les abus qu'elle engendrait se firent de nouveau sentir

(1) Tacite, *Annales.* Liv. III, ch. lx.

et Charlemagne, pour y mettre un terme défendit, par une ordonnance, de porter des aliments à tous ceux qui, sans son autorisation, se réfugieraient dans les temples. Ce fut le point de départ de la décadence du droit d'asile qui, peu à peu, finit par disparaître complètement.

# CHAPITRE II



Le droit de grâce, nous dit Guizot (1) « est un débris du droit de justice, un reste du temps où les princes, jugeant eux-mêmes, pouvaient, suivant l'occasion, condamner ou absoudre. Par le progrès de l'ordre social, le droit de juger est sorti des mains du prince, il a retenu celui de pardonner. » M. Esmein exprime la même opinion : « Dans l'ancienne France, il était absolument vrai de dire que toute justice émanait du roi, sans doute il en avait délégué l'exercice aux officiers de judicature mais il pouvait intervenir quand bon lui semblait, c'était la théorie de la justice retenue. De là les lettres de grâce émanant du roi (2) ». « Rien n'était plus digne de la bonté de nos rois que la réserve qu'ils ont faite de ce pouvoir, en même temps qu'ils ont confié aux magistrats le soin de rendre la justice à leurs sujets;

(1) Guizot, *De la peine de mort en matière politique*, ch. x.
(2) M. Esmein, *Hist. de la procédure criminelle en France.* p. 553.

c'est-à-dire que le pouvoir de ceux-ci est uniquement borné à poursuivre le crime, en prononcer les peines et les faire exécuter; mais les poursuites, les condamnations et cette exécution cessent d'avoir lieu aussitôt qu'il plaît au prince d'interposer son autorité et de déclarer le crime et l'accusation éteints (1). »

A la lecture de ce passage de Muyart de Vouglans, on pourrait croire, qu'en France, les rois possédèrent toujours, sans conteste, le droit de grâce; ce serait là une grave erreur.

Pendant plusieurs siècles les seigneurs disputèrent ce privilège à la royauté et l'exercèrent longtemps en leur propre nom; tous ceux qui prétendaient au pouvoir souverain voulurent s'arroger le droit de faire grâce, droit qui était envisagé comme une des marques essentielles de la souveraineté; comme le droit le plus absolu et le plus élevé auquel on put prétendre : « Le dernier ressort de la justice, nous dit Loyseau, est tellement droit de souveraineté que même en commun langage il est appelé souveraineté.... sous le droit de justice, je comprends l'octroi des requètes civiles...., des grâces et rémissions des condamnés et autres semblables dépêches (2). »

Ce caractère de souveraineté, attribué au droit de

(1) Muyart de Vouglans, *Inst.* p. 103.
(2) Loyseau. *Traité des Seigneuries souveraines*, chap. iii, n^os 31 et 32.

grâce, explique les compétitions incessantes auxquelles il donna lieu jusqu'au XVIe siècle : Tous les
seigneurs, qui, depuis les possesseurs du moindre
manoir féodal jusqu'aux grands vasseaux de la cou-
ronne, revendiquèrent le pouvoir souverain, voulurent exercer le droit de grâce et la royauté s'efforça
toujours de résister à cette prétention.

Nous allons traverser rapidement les principales
étapes de cette lutte d'influence entre la royauté et
la féodalité, puis, avant d'arriver à la révolution,
nous nous arrêterons un instant à la célèbre ordonnance de 1670, véritable code d'instruction criminelle, qui relate, pour la première fois, d'une manière
officielle, la distinction entre le droit d'amnistie et le
droit de grâce.

Avec Charlemagne le pouvoir central était fort et
respecté ; l'empereur savait se faire obéir de ses
barons. Il se montrait tout particulièrement jaloux
de la prérogative d'accorder des grâces et il est à
présumer, quoique aucun texte officiel ne nous l'ap-
prenne, qu'il exerçait ce droit dans toute sa plénitude et sans aucune restriction.

Sous les mains débiles de ses successeurs, après le
partage de l'empire, l'autorité royale s'émietta et
chaque seigneur s'attribua sur ses terres, un lam-
beau de la souveraineté et voulut en posséder tous
les attributs, tous les privilèges : déclarer la guerre,
rendre la justice, battre monnaie et accorder des

grâces. « Il n'y a point à douter dit Brüssel, (1), que les seigneurs qui jouissaient des droits régaliens, n'aient tous eu celui de donner grâce aux criminels ; je vais seulement le prouver par rapport au comte de Champagne, M. Edmond d'Angleterre, qui avait le bail de la Champagne pendant la minorité de la fille du premier lit de sa femme ; il accorda grâce en 1285 à un certain nommé Gilon Fuiret, après sa condamnation, et lui accorda la remise de la confiscation... »

La toute-puissance de la féodalité ne devait pas durer toujours, et le pouvoir royal, à mesure qu'il s'affermissait, s'efforça de prendre une influence de plus en plus prépondérante sur le feudataire; n'ayant pas la force nécessaire pour retirer aux seigneurs leurs prétendus droits, le roi reconnut un état de fait qu'il ne pouvait empêcher, confirma ces concessions, tout en cherchant à les restreindre et affirma toujours, soutenu en cela par les légistes, que les seigneurs tenaient le droit de grâce, non pas de leur propre puissance, mais précairement et par délégation du pouvoir royal (2).

C'est ainsi qu'au xiii$^e$ siècle fut établi l'appel au tribunal du roi et que le droit de grâce fut désormais

---

(1) Brussel, *Nouvel examen de l'usage général des fiefs en France.* Liv. II, chap. xi.

(2) Pothier, *Proc. criminelle.* Sect. 7. art. 2. Muyart de Vouglans. *Instit. de droit crim.* p. 106.

compté au nombre des droits régaliens. « Il y a une
autre sorte de *droit royal* qui consiste en octroi de
grâces et dispenses contre le droit commun, rémissions pour homicides... (1). »

Les légistes, par leurs écrits, servirent beaucoup
les prétentions de la royauté, ils posent le principe
que les princes seuls, qui ne reconnaissent pas de su-
périeurs, ont le droit de faire grâce, les autres n'exer-
cent ce droit que par délégation ; et cette délégation,
d'après certains criminalistes, devait être expresse (2).
Nous lisons dans la *Somme rurale* (3) : « Si saches
que le Roi de France qui est Empereur en son
royaume, peut faire ordonnances qui tiennent et
vaillent loy, ordonner et constituer toutes constitutions : peut aussi remettre, quitter et pardonner
tout crime criminel, crime civil, donner grâce et res-
pit de lettres et généralement faire tout et autant
qu'à droit impérial appartient. »

Et dans le grand *Coutumier de France* (4) : « au Roi,
seul et pour le tout, en tout son royaume appartient
de donner rémission et rappel de ban... A lui seul et
pour le tout, appartient la vérification et entérinement de toutes grâces, pardons et rémissions, sans

---

(1) Coquille, *Instit. du droit Français.*

(2) Farinacius, *Praxis et theorica criminalis*, t. I. 1. I. question 6,
n^os 2 et 3.

(3) *Somme rurale*, tit. 1. *Droits royaux*, Masuer. Pratique xxxvii, § 34.

(4) *Le grand Coutumier de France*, iii, 1.

ce qu'aucun seigneur, baron, ou autres du dit royaume s'en puisse aucunement entremettre en quelque manière que ce soit. » Jean Bodin nous dit aussi, que le droit de grâce est l'une des cinq marques de la souveraineté (1).

Les actes solennels au moyen desquels les rois, s'appuyant sur les théories émises par les légistes, revendiquèrent pour eux le privilège exclusif du droit de grâce sont assez nombreux.

Après M. Gouraincourt et nous inspirant de son savant et intéressant ouvrage sur le droit de grâce, nous citerons l'édit du 13 mai 1359, par lequel le Dauphin Charles, régent du Royaume pendant la captivité de Jean le Bon, déclara pour la seconde fois nécessaire l'intervention du Grand Conseil pour l'octroi des lettres de grâce : « Nulle rémission ou autre grâce ne sera par nous passée sans la délibération de notre conseil, et, si autrement la passons, elle sera de nulle valeur et n'en sera point signée ni scellée la lettre et si elle l'est, l'on n'y obéira point. »

Ces revendications du pouvoir royal ne produisirent pas grand effet, et restèrent, pour ainsi dire, à l'état de lettre morte : la guerre de Cent ans et les divisions intestines, qui désolèrent alors la France, occupaient trop les esprits et affaiblissaient trop le pouvoir royal, pour qu'il pût songer à réprimer

---

(1) Bodin, *De la République*, L. I. ch. x.

les nombreux empiètements des seigneurs. Cependant devant l'arrogance de certains d'entre eux, Charles VIII réitéra en 1449 la défense d'accorder directement des grâces, mais il n'eut pas la force de faire exécuter cet ordre et de se faire obéir ; aussi quelques années après, voyons-nous Charles, duc de Mayenne « pousser l'audace jusqu'à accorder des grâces dans la ville de Paris en son propre nom et au lieu et place du roi ».

Les seigneurs ne furent pas seuls à réclamer pour eux le droit de grâce ; l'Eglise, comprenant tout le profit qu'elle pourrait en tirer, essaya aussi de se l'attribuer et y réussit souvent.

D'autres fois le pouvoir royal concéda, à titre précaire, le droit de grâce à des prélats, à des chapitres ou à des communes : l'histoire des coutumes de l'époque nous fournissent de nombreux exemples de tels privilèges : nous nous contenterons de ceux cités par M. Gobron (1).

C'est d'abord le droit reconnu à la commune de Vendôme de délivrer un prisonnier tous les ans, le vendredi avant les Rameaux, en exécution d'un vœu solennel fait par Louis de Bourbon, comte de Vendôme, le 21 août 1428.

Le chapitre des comtesses chanoinesses de Remi-

---

(1) M. Gobron, *Le droit de grâce sous la Constitution de* 1875, pp. 43 et s.

remont et celui des membres du Conseil souverain
d'Alsace avaient aussi un privilège semblable ; mais
les plus curieux sont encore ceux des évêques de
Rouen et d'Orléans.

« En souvenir de saint Romain, évêque de Rouen,
qui, avec l'aide d'un condamné à mort, avait délivré
cette ville d'un monstre terrible « la gargouille »,
l'usage s'était établi, que son successeur aurait le
droit, chaque année, de libérer, le jour de la fête de
ce saint, celui des prisonniers qui aurait commis le
crime le plus grave, « cuidant, dit Rodin, que la
grâce est d'autant plus agréable à Dieu que le forfait
est détestable. » Le condamné que le chapitre avait
désigné soulevait la châsse du saint et obtenait sa liberté. D'où le dicton populaire pour désigner un mi-
sérable : « Il a levé la châsse de saint Romain ! »

L'évêque d'Orléans avait le droit, en mémoire de
saint Aignan, de délivrer, le jour de son entrée solennelle dans sa ville épiscopale, tous les prisonniers
qui y étaient détenus (1). Ce privilège fut restreint
par des édits d'Henri III, en 1578, d'Henri IV, en 1597
et de Louis XV, en 1753 et 1758, qui le renfermèrent
dans des limites précises.

Nous ne citerons, que par curiosité la poétique
coutume qui, en plusieurs endroits, permettait aux
jeunes filles de sauver le condamné qu'on conduisait

_____

(1) Muyart de Vouglans, 2ᵉ partie, p. 601 et 602.

au supplice, en le demandant en mariage. « L'on observe, en quelques endroits, si quelque fille vient à demander en mariage celui qu'on mène au supplice ou gibet, qu'il lui est délivré ou baillé, lequel, par ce moyen, évade à la mort ».

« Au moment où l'on allait exécuter un très bel jeune fils d'environ vingt-quatre ans, qui avait fait des pilleries autour de Paris, une jeune fille, née des Halles, le vint hardiment demander ; et tant fit par son bon pourchas, qu'il fut ramené au Chatelet, et depuis furent épousés ensembles (1). » Cette coutume prouve que l'amour en France ne perd jamais ses droits. Les auteurs du temps ne nous disent pas que ce privilège ait donné lieu à des abus, et aucun édit, aucune ordonnance ne parle de le restreindre ; il faut croire qu'il ne portait aucun ombrage au despotisme naissant de nos rois, et que la perspective d'épouser un assassin ne souriait pas à toutes les filles.

Par contre, la royauté continuait la lutte contre les seigneurs et s'efforçait de réunir les lambeaux épars de la Souveraineté. Avec Louis XII, le pouvoir central s'est déjà notablement raffermi : l'ordre et la paix règnent dans le royaume, les seigneurs perdent de leur autorité ; c'est bientôt la fin du régime féodal. L'ordonnance de 1498, dans son article 70, déclare

_________

(1) Masuer, *Pratique*, titre xxxvii.

« qu'au roi seul appartient le droit de faire grâce et rémission » et celle de 1507 alla plus loin et voulut révoquer tous les privilèges que les rois avaient antérieurement accordés « tous les pouvoirs donnés à cet effet sont révoqués. »

La doctrine que seul le roi peut faire grâce ne rencontre bientôt plus de contradicteurs, et en 1471 Charles IX affirme son droit de la façon la plus absolue : « Le roi jouit du droit de grâce dans toute son étendue. »

Nous pouvons dire maintenant avec Bodin (1) qu'au xvi$^e$ siècle, la royauté possède en fait « les cinq marques de la souveraineté, dont l'une est le droit de dernier ressort, d'où dépend la puissance d'octroyer grâce au condamné par dessus les arrêts et contre la rigueur des lois, soit pour la vie soit pour l'honneur, soit pour le rappel du ban » et ajouter avec Lebret (2) « qu'il n'appartient qu'aux Roys de donner des rémissions, des grâces et des abolitions. »

Le droit de grâce, attribué au roi, est incontesté et le pouvoir du monarque est presque absolu, mais, malgré cela, il ne faut pas croire que ce droit fut exercé arbitrairement et sans limites.

Il y eût des abus, de nombreux abus même, c'est

_____

(1) Bodin, *De la République*, livre I, chap. x.
(2) Lebret, *De la souveraineté du Roy*, livre IV, ch. vi.

vrai : « Le droit de grâce est prodigué moult légèrement (1). » « O combien il s'en voit de rémissions ! » gémit Bodin (2). François Ragueau, doyen de l'université de Bourges, écrit en 1550 : « Les rémissions sont trop fréquentes et elles sont cause de plusieurs homicides et de la fabrication de plusieurs faux témoins pour la justification de faits de reproches. » Et Lebret (3), comparant la loi romaine à la loi française, constate en ces termes l'infériorité de celle-ci : « La loi romaine qui défendait d'accorder des absolutions du crime de péculat, ne se pratique pas en ce royaume ; assez souvent et particulièrement après une recherche générale des financiers, on leur donne une abolition de leurs pilleries, en payant quelque somme de deniers à quoi ils sont taxés. Ce qui est honteux à la France où il est permis, pour de l'argent, de voler impunément le public. » Cette dernière critique est vraie, car ces faits cachaient au fond un procédé fiscal, de même que la coutume, que nous retrouvons bientôt, de remettre par voie de rémission les condamnations encourues pour homicides involontaires ou commis en cas de légitime défense. Lebret disait encore : « Pardonner des crimes énormes ce n'est pas, vraiment, clémence, mais une injustice manifeste. »

(1) Desjardins, *Etats généraux*, p. 139.
(2) Bodin, *op. cit.* l. I, ch. x, § 3.
(3) Lebret, *op. cit.* tit. 4, liv. IV, ch. vi.

Tous ces blâmes, infligés à l'autorité royale, prouvent évidemment l'existence d'abus, mais ils nous permettent aussi de constater que les actes du roi étaient pour le moins discutés, et de fait les Parlements, les Etats généraux et les criminalistes étaient là pour lui rappeler les limites qu'il ne devait pas dépasser.

Les criminalistes posaient deux principes limitatifs du pouvoir royal et inspirés, sans nul doute, du droit romain : le premier excepte du domaine de la grâce certains crimes atroces, par exemple les homicides avec préméditation ; le second ne veut pas que la grâce soit accordée au préjudice des tiers et avant que le dommage causé à la partie lésée fût réparé. *Et hinc est,* dit à ce sujet Farinaccius, *quod hodie de generalis consuetudine non solent principes hujusmodi gratias facere, aut delinquentes remittere nisi parte concordata.*

Quant aux effets de la grâce, ils posaient comme règle que la grâce simple ne relevait pas de l'infamie comme la *restitutio in integrum. Et quia in materia,* dit encore Farinaccius (n° 45) *potest dari pro regula quod per simplicem indulgentiam non censeatur restituta fama, secus per restitutionem in integrum gratiosam.*

La restitution en entier ne se distinguait de la grâce simple, que par la forme des lettres octroyées, la forme était alors la seule garantie contre l'arbitraire.

L'influence des Etats généraux ne fut jamais bien considérable, d'autant moins que les rois, pour s'affranchir de la direction qu'ils pouvaient en recevoir, espacèrent de plus en plus l'époque de leur convocation : il ne faudrait pourtant pas dire que cette influence fut nulle.

Les Etats généraux de 1356 reprochèrent au Régent Charles l'abus qu'il faisait du droit de grâce en faveur des grands malfaiteurs et pour les méfaits les plus graves : ce blâme détermina l'ordonnance du 3 mars 1356 dans laquelle le Régent s'engageait à ne plus grâcier les auteurs de certains crimes; il promettait « qu'il ferait et ferait faire bonne justice en merlant clémence, miséricorde et pitié, là où il appartiendrait à faire de raison, et que, dorénavant, il ne ferait pardon ni rémission de meurtres, de mutilations de membres faits et perpétrés de mauvais agait, par mauvaise volonté et par délibération... de feux boutés en Eglises ou autres lieux par mauvais agait, de trièves, asseurements ou paix jurées rompues ou brisées par semblable manière, ni de sauvegàrdes enfreintes, ni autre cas semblables plus graves...... si fait était par importunité, nous voulons qu'il ne vaille et que obéi n'y soit. »

En dépit de ces engagements pompeux, les rois n'en continuèrent pas moins à user et à abuser du droit de grâce, et parmi les monarques les plus prodigues de telles faveurs ; on cite Louis XI. Devant ce mauvais vouloir de la royauté, les Etats Généraux revinrent à la charge et renouvelèrent leurs doléances; ceux de Blois en 1576 s'expriment ainsi: « Si, peut-on dire en France que la principale occasion des crimes qui s'y consultent, c'est qu'il n'y a point aucun crime si grand, si odieux qui n'obtienne lettre de rémission... es cas auquel on a vu qu'il n'y avait ordre d'obtenir lettre de rémission, on a pratiqué des lettres d'abolition. » Ces derniers mots font allusion à un subterfuge grossier imaginé par la royauté pour se dispenser d'observer les cas déclarés irrémissibles par les précédentes ordonnances; elle ne trouva rien de mieux que de modifier la formule des lettres de grâce et de remplacer le mot *remittere* par celui d'*abolere*; dorénavant les rois ne remettaient plus les crimes en question, ils les abolissaient. Ce fait, mieux que tout autre; nous montre jusqu'à quel point la royauté était jalouse de ce privilège.

Il nous reste à parler maintenant du rôle joué par les Parlements; ce rôle fut double; d'une part ils mirent leur influence au service de la royauté pour lui permettre d'enlever aux Seigneurs, tant laïques que religieux, le droit de faire grâce et de l'autre ils réclamaient toujours le droit de contrôle sur les actes gracieux émanant du pouvoir royal et cela par la formalité de l'entérinement.

Dans le premier sens, nous citerons un arrêt du 2 janvier 1548, concernant un ecclésiastique qui,

après avoir obtenu des lettres de grâce du légat du Pape,
les avait fait entériner ; le parlement décida « qu'il
avait été abusivement procédé, et qu'en conséquence,
nonobstant ces lettres irrégulièrement octroyées, le
procès serait fait et suivi contre cet ecclésiastique. »

L'entérinement, pour les lettres de grâce, équivalait
à l'enregistrement pour les édits, l'un et l'autre
avaient pour effet de donner force exécutoire à la décision prise par le pouvoir royal. On comprend facilement l'importance de cette procédure, qui plaçait
le pouvoir gracieux du souverain sous le contrôle
souvent gênant de ces grandes compagnies judiciaires ; aussi n'est-il pas étonnant que nos rois aient
tout fait pour le limiter.

La question irritante, et importante au premier
chef, était celle de savoir si les Parlements avaient le
droit d'arrêter l'effet d'une grâce par le refus d'entérinement : elle fut longtemps controversée. L'ordonnance de Blois de 1579, qui consacre son article 190
à cette matière, leur reconnaissait formellement ce
droit pour le cas de crimes d'outrages ou de violences
envers les magistrats dans l'exercice de leurs fonctions. Cela n'empêcha pas nos Parlements de passer
outre à cette restriction, lorsque les abus étaient
trop criants et qu'ils se sentaient encouragés par
l'opinion publique ; on nous permettra de rapporter
un arrêt, rendu en ce sens par le Parlement de Paris
le 20 août 1585, et que nous trouvons dans le Réper-

toire de jurisprudence de Merlin (1). « Une femme convaincue d'avoir empoisonné son mari, est condamnée par sentence, confirmée par arrêt, à être brulée vive. Comme elle se trouva grosse, on fut obligé de différer l'exécution du jugement, elle profita de ce délai pour obtenir des lettres de commutation de peine en prison perpétuelle. La Cour ne les entérina qu'après des jussions réitérées quatre fois. Elle fut enfermée aux filles de l'*Ave Maria*, avec clause expresse, dans l'arrêt d'enregistrement, qu'elle ne pourrait obtenir d'autres lettres de commutation de peine... Elle obtint par la suite de nouvelles lettres, par lesquelles la peine de la prison lui était remise. Le parlement refusa constamment de les vérifier... »

De cette lutte entre le parlement et la royauté, cette dernière devait sortir victorieuse. L'ordonnance de 1670 en est la preuve, lorsqu'elle déclare l'entérinement obligatoire dans les trois mois de l'obtention de la grâce. Les Parlements conservent bien le droit de remontrance mais avec cette restriction, qui lui enlève toute importance pratique : ils ne peuvent en user qu'après avoir rempli les formalités de l'entérinement.

Cette règle ne comporte que deux exceptions, limitant à deux cas seulement le droit pour les Parle-

_____

(1) Merlin, *Répertoire de jurisprudence aux mots : Mort civile.* N° 46 bis.

ments de refuser l'entérinement : 1° lorsque les lettres ont été obtenues pour des crimes déclarés irrémissibles ; 2° lorsqu'elles ne sont pas conformes aux charges, c'est-à-dire, lorsque, pour obtenir sa grâce, le coupable a dénaturé les faits qui lui sont imputables, car la majesté royale ayant été trompée, le crime qui se poursuit alors n'est point celui que Sa Majesté à pardonné.

Nous venons de parler de l'ordonnance de 1670, cette ordonnance, par son importance, mérite d'attirer quelques instants notre attention : on a dit souvent qu'elle était le véritable code d'instruction criminelle de l'ancien régime ; rien n'est plus vrai ; aussi, si nous voulons avoir une vue d'ensemble du droit de grâce sous la royauté absolue, ne pouvonsnous mieux faire que de la chercher ici, sous le régne du Grand Roi, à l'apogée de la monarchie.

Au début de cette étude nous disions qu'avec les progrès du droit, la grâce devait voir se restreindre son champ d'application, et se différencier d'institutions similaires, longtemps confondues avec elle. Nous allons trouver ici la preuve du bien fondé de cette proposition.

« L'ordonnance de 1670, dit M. Poujaud (1) est le premier document officiel qui consacre la distinction entre l'amnistie et la grâce », nous ajouterons et la

_______

(1) Paul Poujaud, *De l'Amnistie* ; p. 100.

réhabilitation. Précédemment ces trois institutions existaient, mais étaient comprises sous l'appellation générique de grâce, se confondaient entre elles et dépendaient uniquement de la teneur des lettres octroyées. « A partir du xvii<sup>e</sup> siècle l'abolition générale tend de plus en plus à sortir de la classe des lettres de grâce ordinaires et à prendre les caractères d'une mesure toute politique; les interprètes et les actes royaux lui donnent fréquemment le nom d'amnistie ».

M. Esmein, dans son savant ouvrage sur l'*histoire de la procédure criminelle en France* (page 555 et s.) émet la même opinion: « Le terme de grâce, dit Jousse, est un terme générique, qui comprend toutes les lettres émanées directement de la souveraine puissance (*Comment.*, p. 322). Les espèces en étaient nombreuses et l'ordonnance avait pris soin de les énumérer, mais elles se ramenaient toutes à deux types. Les unes intervenaient après une condamnation prononcée, pour en arrêter l'effet; les autres, plus énergiques, arrêtaient toute procédure et effaçaient le crime même, elles correspondaient à ce que nous appelons aujourd'hui un acte d'amnistie, avec cette différence qu'elles étaient délivrées dans l'intérêt d'un simple particulier. »

Ces dernières étaient désignées sous les noms d'abolition, de rémission, de pardon; les premières sous ceux de rappel de ban, rappel de galères et commuta-

tion. Quant aux lettres de réhabilitation, que les auteurs rangent dans cette même catégorie, nous préférons les mettre à part, puisque nous leur reconnaissons
les principaux caractères de la réhabilitation actuelle :
leur but était en effet de rétablir le condamné en son
honneur et en ses biens ; elles supposent toujours
qu'il a satisfait à la peine et payé les intérêts civils ;
elles s'obtiennent également et pour la personne vi-
vante et pour celles qui sont décédées. »

Pour nous faire une idée de ces diverses lettres de
grâce, nous ne pouvons mieux faire que de rapporter
textuellement un passage de Pothier (1) qui a trait à
cette question : « Les lettres de commutation, de rappel de ban, de galères, de réhabilitation, sont des
espèces de lettres de grâce, puisqu'elles contiennent
une grâce que le roi fait à l'impétrant et qui part de
la pure clémence du roi. Elles diffèrent des lettres
d'abolition, de rémission et de pardon en plusieurs
points : 1° Celles-ci sont des grâces plénières qui remettent toutes les peines dues au crime ou au délit
commis par l'impétrant, de quelque nature qu'elles
soient, et le conservent en sa bonne renommée. Au
contraire, celles-là ne sont point plénières : les lettres
de commutation de peine ne font que changer la
peine et n'ôtent point l'infamie encourue par le jugement de condamnation. Les lettres de rappel de ban

(1) Pothier, *Traité de la Procéd. crim* sect. 7. § 8.

et de galères remettent bien la peine du ban ou des galères, mais elles ne rétablissent pas l'impétrant dans l'état de bonne fâme qu'il a perdu par la condamnation. Celles de réhabilitation rendent à l'impétant sa bonne fâme mais elles ne lui remettent pas l'amende en laquelle il a été condamné ; d'ailleurs souvent, lorsque les grâces sont accordées, l'impétrant a déjà subi une partie de sa peine, et par conséquent ces lettres ne peuvent la remettre en entier. 2° Elles diffèrent en ce que les lettres d'abolition, de rémission ou de pardon, remettent les peines auxquelles l'impétrant n'a point encore été condamné, si ce n'est peut-être quelquefois par contumace. Celles-ci, au contraire, remettent celles auxquelles l'impétrant a été condamné par un jugement contradictoire en dernier ressort (1). »

Les premières intervenaient donc généralement avant la condamnation et étaient la principale cause des abus dont se plaignirent les Etats généraux : les secondes n'intervenaient qu'après la condamnation.

A cette liste de lettres nous devons joindre, pour être complet, les lettres *pour ester à droit* qui étaient nécessaires au contumace, cinq ans après l'exécution par effigie, pour faire tomber la confiscation de ses biens et les lettres de révision « accordées par le roi

(1) Voir aussi Muyart de Vouglans, 3e partie. ch. IV. § 6 et *lois crim.* l. I. t. IV. § 4. — Jousse, *trait de just. crim.* tome II, 3e part. liv. II, titre 20.

pour revoir et faire juger à nouveau un procès criminel, soit à cause des vices de nullité dont il peut être *infesté* dans sa forme, soit à cause de l'injustice évidente qu'il renferme au fond. » (Muyart de Vouglans. Inst. p. 114).

Un autre caractère de ces lettres de grâce est qu'elles ne s'appliquent pas indistinctement à toute espèce de crimes ; c'est ce qui résulte de l'intéressant ouvrage de M. Esmein, déjà cité.

Les lettres d'abolition « sont celles que Sa Majesté accorde pour des particuliers, prévenus de crimes qui méritent la mort suivant les dispositions des lois et des ordonnances du royaume : elles ne s'accordent que rarement et pour de grandes considérations et ne s'expédient que dans la grande Chancellerie (1). »

Les lettres de rémission étaient accordées pour les « homicides involontaires seulement, ou qui seront commis dans la nécessité de légitime défense... Quoique le crime ait été commis pour cause raisonnable et dans la nécessité d'une légitime défense, on serait puni d'homicide sans lettres de rémission (2) ».

Les lettres de pardon étaient octroyées pour les crimes « auxquels il n'échoit pas peine de mort et qui néanmoins ne peuvent être excusés. »

(1) Muyart de Vouglans, *Instit.* p. 110.
(2) Rousseaud de Lacombe, p. 83. cf. Muyart de Vouglans. *Inst.* p. 512.

Nous avons déjà vu que, devant les représentations des États généraux, les rois s'étaient engagés dans diverses ordonnances à ne pas accorder de grâce, dans certains cas déterminés et pour les crimes les plus graves. Ces prohibitions se retrouvent dans le titre 16, article 4 de l'ordonnance de 1670. Pothier (1) nous en fait l'énumération en ces termes : « Quoique le roi, dont la puissance n'a point de bornes, ait le pouvoir d'accorder l'abolition de quelque crime que ce soit, néanmoins il y a certains crimes pour lesquels il a déclaré qu'il n'en accordait point, tels sont : 1° le crime de duel; 2° le crime d'assassinat, tant à l'égard des principaux auteurs que des complices ; 3° le crime de ceux qui sont loués à prix d'argent, pour tuer ou outrager quelqu'un ou pour recouvrer quelqu'un des mains de la justice... 4° le crime de rapt commis par violence et non celui par simple séduction ; 5° le crime de ceux qui auraient outragé quelques magistrats, officiers, huissiers ou sergents exerçant ou exécutant quelque acte de justice. »

Telle est dans ces grandes lignes, sous l'ancien régime, la physionomie du droit de grâce, qui, jusqu'à la Révolution, ne subit aucune modification.

Si nous voulons connaître l'état des esprits, à la veille de la Révolution, consultons les cahiers des

---

(1) Pothier, *Traité de la procéd. crim.* sect. 7, § 2.

Etats généraux ; ils sont presque tous unanimes à demander la suppression des lettres d'abolition mais, à part de rares exceptions, ils concluent, tant ceux de la noblesse que ceux du clergé et du Tiers Etat, au maintien du droit de grâce proprement dit ; rares sont ceux qui réclament la suppression complète de la grâce.

La Constituante devait bientôt aller beaucoup plus loin et adopter. suivant les auteurs, une mesure radicale : la suppression du droit de grâce. Cette décision fut prise dans la séance du 14 juin sur la proposition de M. Lepelletier de Saint-Fargeau et dans un mouvement d'enthousiasme pour les idées et les institutions nouvelles, surtout pour celle du Jury.

L'opinion généralement adoptée qui nous représente cette suppression du droit de grâce comme absolue me paraît exagérée ; aussi vais-je me permettre de ne pas la partager et d'émettre un doute à ce sujet.

Les séances des 3 et 4 juin 1791, ne revêtirent pas le caractère qui convient aux discussions de principes ; elles furent inspirées, plus par le désir de plaire à la galerie et au club des Jacobins, de flatter les passions populaires et de mériter les applaudissements des tribunes, que de discuter sainement du principe de droit de grâce ; un sage de l'assemblée, Goupil, exprimait ainsi ses craintes : « ce que je crains le plus dans cette question, disait-il, ce sont les tournures oratoires, les mouvements artificiels, les abstractions métaphysiques, les idées vagues de bienfaisance par lesquelles on cherche à obscurcir les idées les plus claires et les raisons les plus solides ».

De fait, c'est bien là, la tendance qu'on peut reprocher tant aux orateurs de droite qu'à ceux de gauche : « Il n'est pas de roi qui ne possède le droit de grâce, nous dit l'abbé Maury, et vous voudriez l'enlever au premier monarque de l'univers. Si le peuple français était assemblé en comices, et qu'on lui demandât s'il veut accorder au roi le droit de grâce, il s'empresserait de porter au pied du trône cette belle prérogative. C'est un des principes fondamentaux de la monarchie ; cette prérogative est nécessaire à une sage administration de la justice, car la justice veut que tout meurtrier, même involontaire, soit puni. »

Toulougeon, un autre orateur, continue sur le même ton : « Ne devraient-ils pas (les rois) avoir le droit de faire grâce aux accusés qui, coupables aux yeux de la loi, ne l'étaient pas aux yeux des juges ? Le juge applique la loi au nom du roi, le roi est donc le garant des jugements ? mais quelle responsabilité, quel devoir que celui de prononcer des meurtres légaux et de ne pouvoir absoudre l'innocente victime de la sévérité de la loi ? »

Les orateurs du parti avancé négligent aussi le

côté juridique de la question ; la politique les aveugle et ce n'est, de leur part, qu'une charge à fond contre l'ancien régime : « Il est inutile, s'écrie Pétion, d'examiner quelle était notre législation ancienne sur le droit de grâce. Nous ne tarderions pas à nous apercevoir que ce n'était pas un droit, mais un abus qui s'était érigé à la hauteur d'une loi », et plus loin : « demander si l'on accordera au roi le droit de faire grâce, c'est demander, en d'autres termes, si lorsque l'accusé sera convaincu, si lorsque le juge aura appliqué la loi, alors il sera libre au pouvoir exécutif de s'élever au-dessus de cette loi, de mettre sa volonté particulière au-dessus de la volonté générale... »

Dans cette discussion, qui a pris la tournure d'un débat absolument politique, Lepelletier de Saint-Fargeau, le promoteur de la proposition qui sera adoptée, ramène, ou du moins s'efforce de ramener la discussion sur son véritable terrain ; c'est donc en grande partie dans son discours, qu'il nous faut chercher la véritable portée du vote du 4 juin 1791. *Il ne s'agit pas*, dit-il, *de savoir si la société a le droit de faire grâce ; cette question a été décidée affirmativement par la loi sur les jurés ; il s'agit uniquement de savoir si l'usage des lettres de grâce, tel qu'il subsistait dans l'ancien ordre de choses, est utile à conserver.* Et plus loin il revient encore sur la même idée : « Il ne s'agit pas ici d'examiner le droit que doit sans doute avoir le corps législatif de prononcer une amnistie. Il s'agit des lettres de grâce qui ne s'appliquent qu'à des particuliers, par lesquelles on annule une procédure, un jugement rendu. Le droit de miséricorde est utile quand il est exercé avec discrétion et discernement et sans arbitraire ; ainsi ne nous occupons pas de cet objet. *Il s'agit unique-ment ici d'abroger l'usage abusif des lettres de grâce.* »

Transcrivons maintenant le texte de l'article voté :
« L'usage de tous actes tendant à empêcher ou à sus-pendre l'exercice de la justice criminelle, l'usage des lettres de grâce, de rémission, d'abolition, de pardon, de commutation de peines, est aboli pour tout délit qui aura été jugé par voie de jury. »

Le rapprochement des extraits du discours de Lepelletier de Saint-Fargeau, du texte voté par la Constituante, me paraît nécessaire pour apprécier l'exacte portée de ce dernier. J'estime donc que dans l'esprit de la Constituante, la suppression du droit de grâce (*lato sensu*) n'était pas absolue : réduit aux seuls délits qui auront été jugés par voie du jury, elle ne comprenait encore que « les actes tendant à empêcher ou à suspendre la justice criminelle. » L'énumération qui suit « l'usage des lettres de grâce, de rémission, d'abolition, de pardon et de commuta-tion de peines, n'est, à mon avis, qu'explicative du mot actes » ; je le crois d'autant plus, que cette énu-mération, la commutation de peines exceptée, ne comprend que les lettres de grâce qui, pouvant aussi bien intervenir avant qu'après le jugement, avait le plus contribué à occasionner les abus si amèrement reprochés à l'ancien régime. Cette *inelegantia juris* peut trouver son excuse dans les conditions politiques au milieu desquelles ce texte de loi fut voté et qui mettaient obstacle à ce que les membres de l'Assemblée estimassent à leur juste valeur la portée des termes qu'ils employaient.

En résumé la Constituante, pour se conformer aux doléances contenues dans la presque unanimité des cachiers des Etats généraux, n'a voulu, en fait, qu'abolir l'usage abusif des lettres de grâce et non renier le principe même du droit de grâce ; la preuve en est que, pour arriver à ce résultat, elle a cru nécessaire d'enlever l'exercice de ce droit au pouvoir exécutif, pour le remettre aux Jurés.

Cette nouvelle conception n'était pas heureuse et presque aussitôt, le 15 septembre suivant, l'Assemblée constituante condamnait implicitement son œuvre en décrétant : « Que le temps était venu d'éteindre toutes les dissensions dans un sentiment de patriotisme de fraternité ; qu'en conséquence, toutes les procédures instruites sur les faits relatifs à la Révolution, quelqu'en pût être l'objet, et tous les jugements intervenus sur semblables procédures, étaient irrévocablement abolis. »

N'osant rétablir le droit de grâce sur son ancienne

base, la Révolution usa et abusa de l'amnistie.

L'ostracisme, dont eut à souffrir le droit de grâce, ne dura pas longtemps, il était rétabli dix ans après, par le Senatus-Consulte du 16 thermidor, an X, entre les mains du premier Consul qui « exerce le droit de grâce, après avoir entendu un Conseil privé, composé du Grand Juge, de deux Ministres, de deux Sénateurs, de deux Conseillers d'Etat et de deux membres du Tribunal de Cassation. » (Art. 87, titre X.)

Depuis lors, le droit de grâce figure dans toutes nos constitutions ; nous allons les passer très rapidement en revue, notant les quelques légères modifications qui y sont apportées par les divers régimes et la tendance marquée de séparer nettement et d'une façon définitive l'amnistie de la grâce.

Les deux Chartes de 1814 et de 1830 déclarent expressément que « le Roi a le droit de faire grâce et de commuer les peines. » La question de savoir si le roi possédait aussi le droit d'amnistie, fut plusieurs fois discutée devant le Parlement et résolue par l'affirmative.

La Constitution de 1848 sépara nettement ces deux institutions, attribuant le droit d'amnistie au pouvoir législatif et conférant le droit de grâce au Président de la République, après avis du Conseil d'Etat.

La Constitution du 14 janvier 1852 donne au Président le droit de faire grâce. Dès que l'Empire fut rétabli, le Sénatus-Consulte du 25 décembre de la même année, accorda à l'Empereur, en plus du droit de grâce, celui d'amnistie.

Rien n'est changé à cet état de choses par la Constitution du 8 mai 1870, mais sept mois après, le décret du Gouvernement de la Défense Nationale du 7 décembre remet l'exercice de la grâce au Garde des Sceaux.

Ceci n'était que transitoire, et la loi du 17 juin 1871 sur l'exercice du droit de grâce, revenant aux principes posés en 1848, décide que : « les amnisties ne peuvent être accordées que par une loi » et que « le pouvoir de faire grâce est délégué au Président du Conseil des Ministres, chef du Pouvoir exécutif de la République Française. » Les deux restrictions portées dans les articles 3 et 4 de cette loi n'ont qu'une importance toute relative : Elles visent des faits particuliers et ne touchent en rien aux principes, aussi les passerons-nous sous silence.

La Constitution de 1875 consacre la distinction entre la grâce et l'amnistie : celle-ci est attribuée au pouvoir législatif, tandis que l'autre est exercée par le Président de la République : « Il a le droit de faire grâce ; les amnisties ne peuvent être accordées que par une loi. »

<h1 style="text-align:center">DEUXIÈME PARTIE</h1>

<h2 style="text-align:center">DU DROIT DE GRACE SOUS LA TROISIÈME<br>RÉPUBLIQUE</h2>

L'étude du droit de grâce n'est pas seulement intéressante à cause de l'importance qu'il possède, de l'utilité qu'il présente et du but éminemment élevé et désintéressé qu'il poursuit ; ce qui en fait le charme et l'intérêt, c'est avant tout, l'espèce de vague qui le caractérise et qui laisse à l'interprète, une grande liberté d'appréciation. Les principales lignes du droit de grâce sont connues et ne sauraient être discutées ; mais, pour nombre de détails, l'incertitude règne encore et donne libre cours aux controverses. Benjamin-Constant a parfaitement mis en relief ce caractère du droit de grâce, lorsqu'il écrit : « Tracer des règles précises pour l'exercice du droit de grâce serait l'assimiler à un jugement et l'on n'y trouverait plus l'espèce de vague et de latitude morale, qui en constitue essentiellement la justice et l'utilité (1) ».

(1) *Cours de politique constitutionnelle*, note D.

La Constitution de 1875, pas plus que ses aînées, n'a essayé de réglementer le droit de grâce ; elle s'est contentée, dans un texte fort court, d'en reconnaître l'existence, d'en attribuer l'exercice au Président de la République et de le différencier de l'amnistie, qui ne peut être accordé que par le pouvoir législatif : « Il (le Président de la République) a le droit de faire grâce ; les amnisties ne peuvent être accordées que par une loi » nous dit l'article 3 § 2 de la loi constitutionnelle du 25 février 1875.

L'objet de cette deuxième partie sera précisément d'apprécier le droit de grâce, de le caractériser et d'indiquer les limites qu'il ne doit pas dépasser ; la jurisprudence et la doctrine, seront ici les deux principaux guides dont nous aurons à nous inspirer pour nous faire une opinion personnelle et raisonnée.

Avant d'aborder dans ses détails l'étude du droit de grâce sous la troisième République, il nous paraît nécessaire de comparer brièvement cette institution avec d'autres modes d'extinction des peines et de noter les ressemblances et les différences qui les caractérisent.

Le second chapitre sera réservé à l'étude de l'exercice du droit de grâce, nous verrons à qui ce droit a été délégué et quelles sont les garanties dont il a été entouré, nous nous demanderons ensuite quelle est l'étendue du droit de grâce et quels en sont les effets par rapport au condamné et par rapport aux tiers ; nous terminons, enfin, par l'énumération de certaines mesures administratives, distinctes du droit de grâce et qui ne doivent pas être confondues avec lui.

# CHAPITRE PREMIER

## PARALLÈLE ENTRE LA GRACE ET D'AUTRES MODES D'EXTINCTION DES PEINES

Dans ce chapitre, qui sera fort court, nous nous contenterons de comparer entre elles, la grâce, l'amnistie, la réhabilitation, la révision, et la prescription, nous réservant de parler plus tard de certaines autres mesures d'un même ordre d'idées et que nous qualifierons d'administratives.

### § 1. *Grâce et Amnistie.*

La grâce, nous l'avons déja dit, est la remise totale ou partielle de la peine prononcée par un jugement. Comme nous le verrons plus loin, la grâce est ordinairement personnelle, elle ne s'adresse qu'à un individu et ne peut intervenir qu'après une condamnation. La grâce ne remet que la peine et rien de plus ; la condamnation et le crime subsistent et avec eux toutes les conséquences fâcheuses qui peuvent en résulter pour le condamné, tant au point de vue de sa considération, que des incapacités qu'il a pu encourir et de l'aggravation qui pourra s'en suivre en cas de récidive.

Les effets de l'amnistie sont autrement considérables ; cela tient à la différence essentielle qui caractérise ces deux institutions : l'amnistie est l'oubli absolu du crime, la grâce n'est que la non exécution d'une peine. Par l'amnistie, le crime est effacé d'une manière complète, tout est oublié, sauf les droits acquis à des tiers ; les choses sont remises en l'état où elles étaient avant que le crime ne fût commis ; l'amnistie intervient-elle avant le jugement, les poursuites ne peuvent être ni commencées ni poursuivies, et le jugement ne saurait être rendu; intervient-elle après, le jugement est regardé comme non avenu ; la peine n'est pas exécutée et toutes les incapacités tombent de plein droit. L'amnistie s'adresse au fait; la grâce à l'individu.

Bertauld, dans son cours de *Code pénal* et de *Législation criminelle,* page 523, a parfaitement mis en lumière les traits caractéristiques de l'amnistie et de la grâce : « Le pardon, nous dit-il, s'adresse à des délinquants convaincus, il implique la culpabilité, il fait seulement remise de tout ou partie du châtiment. L'amnistie s'applique aux infractions, abstraction faite de ceux qui les ont commises ; elle renonce au droit de découvrir ou de regarder pour avéré, quoique révélé par un jugement, non seulement le lien qui unit les infracteurs aux infractions ; mais le fait même des infractions ; elle promet aux actes plus que l'impunité, puisqu'elle leur promet la protection d'un voile à l'aide duquel ils échapperont à toute constatation. »

Legraverend (1) émet le même avis lorsqu'il écrit : « L'amnistie est un acte qui couvre du voile éternel de l'oubli, certains délits, certains attentats spécialement désignés, et qui ne permet plus aux tribunaux d'exercer aucune poursuite contre ceux qui s'en sont rendus coupables. »

En un mot, la grâce empêche, au profit d'un particulier, l'exécution totale ou partielle d'une peine; tandis que l'amnistie suspend l'effet des lois à l'égard des infractions qu'elle efface.

M. de Peyronnet, dans ses « Pensées d'un prisonnier » a tracé en artiste, les différences qui existent entre l'amnistie et la grâce : Amnistie, c'est abolition et oubli ; grâce, ce n'est que pitié et pardon. Quand Thrasybude eut chassé les trente tyrans, il porta une loi que les Athéniens nommèrent d'oubli (amnestia) et qui défendait de troubler qui que ce fut, pour les actions passées. C'est de là que nous est venu l'acte et même le nom. L'amnistie ne remet point, elle efface. La grâce n'efface pas, elle abandonne et remet.

_________

(1) Legraverend, t. II. chap. xix, p. 762.

L'amnistie retourne vers le passé et y détruit jusqu'à la première trace du mal. La grâce ne va que dans l'avenir, et conserve dans le passé tout ce qu'il a souffert ou produit. La grâce suppose le crime ou la condamnation ; une certaine régularité dans la condamnation et une certaine justice. L'amnistie ne suppose rien, si ce n'est pourtant l'accusation. On reçoit plus et on est moins redevable dans une amnistie. Dans une grâce, on reçoit moins et on est plus redevable. La grâce s'accorde à celui qui a été certainement coupable ; l'amnistie à ceux qui ont pu l'être..... »

Voici en résumé les différences essentielles qui caractérisent et distinguent l'amnistie de la grâce :

1° La grâce est individuelle, l'amnistie plutôt collective et d'intérêt général.

2° La grâce désigne les coupables qui en bénéficient, l'amnistie, d'ordinaire, indique les faits qui seront oubliés ; la première s'adresse aux personnes, la seconde aux actes et indirectement à ceux qui les ont commis.

3° La grâce n'intervient qu'après un jugement définitif, l'amnistie peut le précéder.

4° Les effets de la grâce sont moins étendus que ceux de l'amnistie ; celle-là ne remet que la peine ; celle-ci efface tout.

5° La grâce est une faveur plutôt de droit commun, l'amnistie est une mesure le plus souvent d'ordre politique ;

6° La grâce est accordée par le Président de la République ; l'amnistie doit être votée par une loi.

## § 2. — *Réhabilitation.*

La réhabilitation est la constatation officielle de l'amendement et du reclassement d'un condamné libéré.

Comme la grâce, la réhabilitation est une mesure individuelle ; mais, tandis que la grâce ne remet que la peine proprement dite, la peine matérielle, la réhabilitation efface la condamnation et par là même toutes les incapacités qui en découlent ; elle ne peut intervenir qu'après l'exécution de la peine ou sa remise par voie de grâce, et nécessite encore l'accomplissement de certaines conditions de temps et de mérite ; le gracié, qui, dans la suite, est réhabilité, est en fait presque dans la même situation que celui qui a bénéficié d'une amnistie (1). Notons que la réhabilitation, à la différence de la grâce, est possible après le décès du condamné.

La grâce est accordée par le chef du pouvoir exécutif ; la réhabilitation, depuis la loi du 14 août 1885, appartient à la chambre d'accusation qui a un pou-

---

(1) Voir à ce sujet, au cas de nouvelle condamnation ultérieure, art. 634, § 3. *C. Inst. crim.* — Lire les conclusions du Commissaire du Gouvernement au Conseil d'Etat. — Sirey, 1890, iii. 54 et 55.

voir souverain d'appréciation, dès que les conditions légales de recevabilité sont remplies.

N. B. — Notons, simplement et sans l'apprécier, qu'un projet de loi, ayant pour but de permettre la réhabilitation des condamnés qui ont prescrit leur peine, est actuellement soumis aux chambres et qu'il a même été admis en première lecture. Cette extension donnée à la réhabilitation est contraire aux principes admis jusqu'ici, qui n'autorisent la réhabilitation qu'après l'exécution de la peine ou sa remise par voie gracieuse.

§ 3. — *Révision.*

La révision est une mesure d'exception dont l'objet est la réparation des erreurs judiciaires. Elle n'a qu'un seul point de ressemblance avec la grâce, c'est qu'elle a pour effet, de faire cesser la peine. Son but essentiel consiste à faire disparaître le jugement ; la peine proprement dite et les déchéances encourues tombent alors nécessairement ; mais ce n'est là qu'une conséquence de l'admission du pourvoi en révision.

Un arrêt de la Cour de cassation du 30 novembre 1810, signale cette différence dans les motifs, en déclarant qu'en cas d'absolution, après révision, toute idée de délit et par conséquent de culpabilité, disparaît, tandis que la grâce présuppose, au contraire, le délit existant et la culpabilité reconnue ; aussi la grâce ne produit-elle, d'après le même arrêt, des effets que pour l'avenir ; tandis que la révision produit un effet rétroactif.

Le pourvoi en révision est instruit par la Chambre criminelle de la Cour de cassation. Il ne peut être demandé que par certaines personnes limitativement désignées par la loi : le Ministre de la justice, le condamné ; après sa mort, son conjoint, ses enfants, ses parents, ses légataires universels ou à titre universel et enfin ceux qui en ont reçu de lui, la mission expresse.

Tandis que la grâce peut intervenir en faveur de n'importe quel condamné frappé d'une peine quelconque, les cas de révision sont limitativement fixés et réduits à quatre par la loi du 8 juin 1895 :

1° Lorsque après une condamnation pour homicide, des pièces seront représentées propres à faire naître de suffisants indices sur l'existence de l'homicide.

2° Lorsque, après une condamnation pour crime ou délit, un nouvel arrêt ou jugement aura condamné un autre accusé ou prévenu, et que les deux condamnations ne pouvant se concilier, leur contradiction sera la preuve de l'innocence de l'un ou de l'autre condamné.

3° Lorsqu'un des témoins entendus aura été postérieurement à la condamnation, poursuivi et condamné pour faux témoignage contre l'accusé ou le prévenu ; le témoin ainsi condamné ne pourra pas être entendu dans les nouveaux débats.

4° Lorsque, après une condamnation, un fait viendra à se produire ou à se révéler, ou lorsque des pièces inconnues lors des débats seront représentées, de nature à établir l'innocence du condamné.

Depuis la loi du 8 juin 1895, la révision peut être demandée en matière criminelle, quelles que soient la juridiction qui ait statué et la peine qui ait été prononcée.

Le nouvel article 444, auquel nous renvoyons, indique à qui, suivant les cas, appartient le droit de demander la révision.

La révision, à la différence de la grâce, peut intervenir, non seulement pendant la durée de la peine, mais encore après son exécution et même après la mort du condamné ; la grâce, au contraire, n'a de raison d'être qu'autant que la peine n'est pas encore complètement subie ; de plus, elle est octroyée par le Président de la République ; tandis que c'est la Cour de cassation qui statue par arrêt sur les demandes en révision.

## § 4. — *Prescription.*

La prescription est une mesure d'ordre public qui dispense de subir sa peine et place à l'abri de toutes poursuites, l'individu qui, pendant un certain temps a réussi à se soustraire à l'exécution de cette peine.

La prescription n'est pas établie en faveur du condamné, mais, a son fondement dans l'utilité sociale et se justifie par le fait que la Société n'a aucun intérêt à réprimer une infraction dont le souvenir est effacé.

Nous n'avons ici à envisager la prescription, que dans ses effets qui peuvent être comparés à ceux de la grâce : « La condamnation n'est pas effacée ; les peines privatives de droit subsistent ; le 'condamné reste tenu des restitutions, dommages-intérêts et frais ; mais celui qui a prescrit sa peine est moins favorablement traité que celui qui a été gracié : 1° Il ne peut obtenir sa réhabilitation (art. 619) ; 2° S'il a été condamné pour crime, il ne pourra résider dans le département ou demeuraient soit celui sur lequel ou contre la propriété duquel le crime a été commis, soit ses héritiers directs. Le Gouvernement peut, en outre, lui assigner le lieu de son domicile (Article 635, § 2, 3 (1).

(1) Laborde, *Cours de droit crim.* p. 549.

Avant de clore ce premier chapitre, il nous reste à dire un mot de l'article 337, § 2 du Code pénal. Cet article déclare le mari libre d'arrêter l'effet de la condamnation encourue par sa femme convaincue d'adultère, en consentant à la reprendre. Ce droit conféré au mari n'est pas exclusif du droit de grâce proprement dit et ne doit pas être confondu avec lui ; je dirai même qu'il est plus étendu que ce dernier, car au lieu de remettre simplement la peine, il empêche d'une manière absolue la condamnation de produire ses effets.

CHAPITRE II



A la séance du 3 juin 1791, un membre de l'Assemblée constituante prononçait les paroles suivantes :
« Le droit de faire grâce appartient au souverain ; la
souveraineté appartient à la nation, source de tout
pouvoir : donc le droit de faire grâce appartient à la
nation... »

Il est indiscutable aujourd'hui, que tous les droits,
en principe, appartiennent au peuple, autrement dit
à la nation, mais celle-ci se trouvant dans l'impossibilité matérielle de les exercer elle-même, est obligée
d'en déléguer l'exercice à l'un des trois grands pouvoirs de l'Etat. Cette délégation, en ce qui touche le
droit de grâce, aurait pu être faite aussi bien à l'un
des pouvoirs judiciaire ou législatif qu'au pouvoir
exécutif, sans que fut méconnu aucun des principes
fondamentaux de notre organisation sociale actuelle.

De Toulongeon (1) était d'avis que « dans tout

(1) Séance de l'Assemblée constituante du 4 juin 1791.

gouvernement libre; le droit de faire grâce doit être
délégué à celui que la Constitution investit du droit
de faire exécuter les lois. » Cette opinion a prévalu
et nous savons que dans son article 3, la loi constitutionnelle du 28 février 1875 décide que le droit de
grâce est exercé par le Président de la République.

Cette délégation a lieu sans restriction aucune, le
Président de la République n'est plus tenu, comme
le Premier Consul, d'entendre, avant de faire grâce,
le grand Juge, deux ministres, deux sénateurs, deux
conseillers d'Etat et deux membres du tribunal de
Cassation; Il ne doit pas, non plus, comme sous la
Constitution de 1848, prendre l'avis du Conseil d'Etat
et ne voit plus, dans certains cas exceptionnels, ce
droit être exercé par l'Assemblée nationale (Constitution de 1848, art. 55). — Le Président de la République exerce le droit de grâce dans toute sa plénitude ; toutes les peines sans exceptions, depuis la
peine capitale jusqu'à la peine la plus infime, peuvent
être remises par voie de grâce ; il n'y a plus, comme
sous l'ancien Régime, de crimes irrémissibles que le
pardon ne pouvait atteindre, parce qu'ils avaient été
commis contre le roi ou contre la religion.

Cela ne veut pourtant pas dire que le Président de
la République, puisse, sur ce point, faire ce qu'il veut
et suivant son bon plaisir ; il ne faut pas perdre de
vue que le droit de grâce n'est pas un attribut, un
privilège que le Président possède en propre et sans

contrôle, comme autrefois les rois, et dont il puisse disposer à sa guise ; le chef du pouvoir exécutif n'est qu'un mandataire, aussi ne peut-il, à son tour, déléguer l'exercice de ce droit et doit-il se soumettre à la réglementation administrative prescrite par l'usage, pour l'instruction des recours. Notons que cette réglementation n'est pas strictement obligatoire en vertu de la Constitution, mais, prescrite par l'usage ; il est hors de doute que le chef du Pouvoir exécutif doit s'y conformer. — Le Président de la République doit enfin faire contre-signer les décrets de grâce par un ministre responsable devant les Chambres : ce sont là autant de garanties contre l'abus possible du droit de grâce.

Nous avons dit d'abord, que le Président de la République ne peut transmettre à un autre le droit d'accorder des grâces parce qu'il est lui même le délégué de la nation et que le droit de grâce n'est pas un attribut qu'il possède en propre ; nous ne pourrions donc plus voir, comme sous la royauté, des personnages, des communes, des associations, des évêques, investis de ce privilège. Ceci ne peut faire de doute et ne saurait être contesté.

Les cours et les tribunaux eux-mêmes ne pourraient être chargés du soin de ce que nous appellerions un pouvoir en révision par forme gracieuse ; l'affirmative pourrait pourtant s'induire d'un précédent qui se produisit sous l'Empire : le Jury d'Anvers.

avait condamné le nommé Ellemberg, puis cet arrèt avait été cassé par un sénatus-consulte. La Cour de cassation fut alors chargée, par lettres patentes du 30 décembre 1813, de pourvoir à la révision par forme gracieuse, de la condamnation prononcée contre Ellemberg. Nous lisons à ce sujet, dans le Dalloz, que ce précédent ne peut faire autorité ; car : 1º l'ordre donné par les lettre patentes de 1813 n'eut pas de suites.

2º Il n'appartient pas au pouvoir exécutif d'augmenter les attributions des tribunaux qui sont réglées par la loi. Or, la révision d'une sentence ne peut avoir lieu que dans les cas et suivant les formes déterminées par les articles 443 et suivants, du Code d'Instruction criminelle.

Il est donc impossible d'admettre la révision par forme gracieuse et toute tentative de ce genre serait empreinte d'excès de pouvoir et d'inconstitutionnalité.

Nous avons dit, de plus, que l'instruction des recours en grâce était assujettie à une certaine réglementation ; nous allons exposer brièvement la procédure ordinairement suivie, sans entrer dans tous les détails et sans énumérer toutes les exceptions, car cette étude ne saurait présenter aucun intérêt doctrinal.

Le but de cette procédure administrative est d'éclairer le Président de la République sur le bien fondé des demandes en grâce. Le Président se trouve dans l'impossibilité absolue d'instruire tous les recours, aussi ce soin est-il laissé à la Chancellerie où tous les renseignements viennent se concentrer dans les bureaux du Directeur des Affaires criminelles et des grâces ; celui-ci est chargé de préparer les états de propositions qui, après approbation du Garde des Sceaux, sont soumis à la signature du Président de la République.

La demande en grâce n'est assujettie à aucune forme particulière et peut être écrite sur papier libre, soit par l'intéressé lui-même, soit par un parent, un ami ou un conseil, elle peut être adressée indistinctement au Président de la République ou au Ministre de la justice, et elle est dispensée d'affranchissement.

Une demande écrite est, en principe, indispensable pour qu'un recours en grâce puisse être examiné ; cette règle ne souffre exception que pour les condamnés à mort. L'avantage de cette demande est double ; elle implique de la part du condamné un acte de soumission à l'autorité et l'acceptation certaine de la mesure gracieuse qui pourra être prise à son égard.

L'instruction des recours en grâce est faite par les Ministres de la justice, de la guerre ou de la marine, suivant que la condamnation émane des tribunaux de droit commun ou des juridictions militaires. En ce qui touche aux condamnations de droit commun, il nous faut faire une sous-distinction et consacrer un alinéa spécial aux condamnations à la peine capitale, dont l'instruction diffère un peu de la procédure ordinairement suivie.

Occupons-nous, pour l'instant, des recours applicables à des condamnations de droit commun, autres que celles à la peine capitale.

Les recours de cette catégorie sont transmis et centralisés à la Chancellerie, à la direction des Affaires criminelles et des grâces ; avant 1875 un premier triage était de suite opéré par les bureaux eux-mêmes, qui classaient purement et simplement les recours qui, après un premier examen, paraissaient ne devoir pas être admis. M. Dufaure, alors Garde des Sceaux, décida par une circulaire ministérielle du 25 juin 1875 et sur l'initiative de son directeur des Affaires criminelles, M. Ribot, que dorénavant, tous les recours seraient instruits « parce que, d'après la pratique antérieure, des recours en grâce qui méritaient peut-être d'être accueillis, courent le risque d'être écartés, soit parce qu'ils ne sont pas appuyés par aucune recommandation, soit parce que les circonstances propres à déterminer une mesure d'indulgence n'ont pas été suffisamment indiquées » c'est la règle actuellement encore suivie.

Tous les recours, sans exception, sont instruits, et, dès qu'une demande est parvenue à la Chancellerie, elle est adressée, pour avis, au Procureur Général près la Cour d'appel dans le ressort de laquelle la condamnation a été prononcée.

Cette instruction judiciaire est conduite, suivant les cas, par le Parquet général lui-même, si la condamnation émane de la Cour, ou par le Parquet du tribunal de première instance qui a rendu le jugement ; ce dernier est encore compétent pour les affaires de simple police jugées dans son ressort.

L'enquête, à laquelle se livrent les divers Parquets, porte sur tous les points qui peuvent être utiles à l'instruction du recours, et comprend le relevé des nom, prénoms, profession, domicile, date et lieu de naissance du condamné ; l'indication de la date, de la cause de la condamnation, des articles de loi appliqués et de la peine prononcée ; elle indique la durée de la détention préventive, le point de départ de l'exécution de la peine, le lieu où elle est subie et si elle est définitive : elle fait mention du paiement ou du non paiement de l'amende et des dommages-intérêts alloués à la partie civile. Si la peine consiste en une amende, ordre est donné au percepteur de surseoir à son recouvrement jusqu'après notification de la décision intervenue ; un ordre de surseoir analogue est donné, si l'emprisonnement encouru est inférieur à une durée de trois mois. Si le recours est formé par un condamné aux travaux forcés, pour une durée qui ne dépasse pas cinq années, la Chancellerie fait surseoir à la transportation jusqu'après la décision intervenue. Le Parquet se fait délivrer un extrait du casier judiciaire nᵒ 1, pour connaître les antécédents de l'intéressé et demande aux Commissaires de police des renseignements sur sa moralité, sa situation de famille et de fortune et aux directeurs de prison, sur sa conduite depuis son incarcération. L'enquête comprend enfin un relevé des faits qui ont motivé la condamnation et se termine par un avis favorable ou défavorable à l'admission du recours; dans le second cas, le Parquet conclut au rejet et dans le premier il indique dans quelle mesure, d'après lui, le recours pourrait être admis : si l'enquête a été dirigée par le Procureur de la République, l'avis du Procureur Général est de plus nécessaire, avant que ces renseignements puissent être renvoyés à la Chancellerie.

Là, l'affaire est étudiée à nouveau et à fond, dans les bureaux de la direction des grâces ; la Chancellerie peut demander tous renseignements complémentaires qu'elle juge à propos, soit aux divers Parquets, soit aux directeurs de prisons, soit même aux autres départements ministériels.

Chaque recours en grâce fait alors l'objet d'un rapport qui n'est définitif qu'après approbations successives du directeur des Affaires criminelles et du Garde des Sceaux.

Les recours qui ont été favorablement accueillis, sont alors soumis, par le Ministre de la justice, à la signature du Président de la République.

Pour les condamnations émanant des juridictions militaires ou maritimes; l'instruction du recours est faite par les soins du Ministre de la guerre ou de la marine, suivant le cas.

La procédure de l'instruction est encore différente quand il s'agit de recours applicables à des condamnations capitales : la condamnation émane-t-elle des juridictions militaires ou maritimes, « le Ministre de la guerre ou de la marine est encore seul compétent pour provoquer la grâce ; mais avant de présenter son rapport au Président de la République; il doit, conformément au décret du 10 juillet 1852, demander l'avis du Ministre de la justice. A cet effet le dossier de la procédure est transmis à la Chancellerie où il est examiné au bureau des grâces. Un rapport est rédigé et le directeur des Affaires criminelles en soumet les conclusions à l'approbation du Garde des Sceaux. Les pièces de la procédure sont alors retournées au Ministre compétent, avec l'avis exprimé par le Ministre de la justice, avis qui doit être spécialement mentionné dans le rapport mis sous les yeux du Président de la République (1). »

En cas de condamnations capitales prononcées par les Cours d'assises, l'instruction du recours diffère en deux points essentiels de la procédure ordinaire : elle

_________

(1) M. Gouraincourt, *op. cit,* page 68.

n'est pas subordonnée à une demande préalable du condamné et la décision à intervenir doit être prise par les membres du conseil d'administration du Ministère de la justice spécialement réunis à cet effet et que l'on appelle vulgairement, Commission des grâces. Cette procédure a l'avantage d'être plus favorable au condamné, qui n'a pas besoin de demander sa grâce pour voir commuer sa peine ; de plus elle est entourée de garanties plus grandes, nécessitées par la gravité de ces affaires, d'où dépend toujours la vie d'un homme et qui souvent intéressent à un si haut degré d'ordre public, par leur retentissement dans le pays tout entier.

Dès qu'une condamnation capitale a été prononcée, le Parquet donne l'ordre de surseoir à l'exécution et le Procureur Général fait de suite un rapport sur l'opportunité d'une commutation de peine ; ce rapport est joint au dossier de l'affaire et le tout est adressé à la Chancellerie ; de son côté le président des assises envoie son avis au Ministère de la justice.

Toutes ces pièces sont alors étudiées avec le plus grand soin dans les bureaux de la direction des grâces où un rapporteur désigné est chargé « de tracer un tableau fidèle et clair de toutes les circonstances du crime, telles qu'elles résultent des pièces de la procédure ; il fera connaître le condamné dans sa vie antérieure, son éducation, sa situation de famille, ne négligeant aucun détail susceptible de démontrer si la société se trouve en présence d'un criminel endurci, danger permanent pour ses semblables, ou si au contraire, le coupable conserve encore quelques bons sentiments qui laisseraient l'espoir du repentir et de l'amélioration ; il mentionne enfin l'avis des magistrats qui ont été consultés. Muni de ce rapport et des pièces de la procédure, le directeur des Affaires criminelles expose l'affaire devant les membres du conseil d'administration du Ministère de la justice (1). » Ce conseil qui comprend les directeurs et chefs de division du Ministère de la justice, sous la présidence du sous-secrétaire. d'Etat, délibère sur l'opportunité d'une commutation de peine et émet un avis motivé, favorable ou défavorable, suivant les cas. Le procès-verbal de la délibération est alors transmis au Garde des Sceaux qui, après l'avoir approuvé, donne son avis personnel et fait parvenir le dossier complet au Président de la République, qui prend enfin la décision définitive.

Si la grâce est accordée, le Ministre de la justice fait parvenir au Procureur Général une ampliation du décret et celui-ci convoque les magistrats de la Cour en audience solennelle ; le condamné est amené devant la Cour libre et sans fers ; il se tient debout et découvert pendant la lecture des lettres de grâce

(1) M. Gouraincourt, *op. c.* p. 69.

dont le président de la Cour prononce l'entérinement. S'il est délivré au gracié une expédition des
lettres patentes, cette expédition doit être certifiée
conforme par le Président, le Procureur Général et
le greffier. Nous faisons remarquer que c'est le seul
cas dans lequel il soit permis de délivrer expédition
des lettres de grâce, car aux termes de la circulaire
ministérielle du 7 mai 1860, toujours en vigueur, la
Chancellerie ne délivre jamais expédition des lettres
gracieuses ; l'impétrant doit s'adresser au greffe de
la Cour d'appel ou au tribunal qui a prononcé la
condamdation, à l'effet d'obtenir, à ses frais, un extrait de l'arrêt ou du jugement, sur lequel seront
mentionnées les mesures d'indulgence survenues en
sa faveur (1). »

S'il s'agit de condamnations autres que les condamnations capitales, les formalités, en cas d'admission du recours, sont moins solennelles : la
Chancellerie notifie au Procureur Général la décision gracieuse rendue par décret du Président de la
République et, suivant les cas, l'intéressé est prévenu,
soit par le Parquet général, soit par le Parquet du
Procureur de la République. Les Parquets avertis-
sent aussi les percepteurs des amendes et, si l'impétrant est incarcéré, le directeur de la prison ou de la
maison centrale ; celui-ci doit accuser réception de

_______________

(1) M. Gouraincourt, *op. c.* p. 71 et 72.

cette notification et envoyer un extrait de levée
d'écrou si la remise est complète ou s'il y a commutation de la prison en amende ; ou indiquer la date
de la libération, s'il n'y a qu'une réduction dans
la durée de l'emprisonnement ; la mesure gracieuse
doit, de plus, être mentionnée au casier judiciaire.
Une fois ces formalitées remplies, le procureur doit
en aviser la Chancellerie, afin que le Garde des
Sceaux soit certain de leur exécution.

Nous avons dit, il y a un instant, que le Président
de la Cour prononçait en audience solennelle l'entérinement des lettres de grâce. Notons que cet entérinement n'est plus qu'une simple formalité, car le
décret du Président de la République a par lui-même
force exécutoire ; il ne faudrait donc pas prêter à ce
mot la signification et l'importance que nous lui
avons données sous l'ancien régime, et les Cours ne
seraient plus fondées à élever à son endroit aucune
des prétentions de nos anciens Parlements, car l'entérinement n'est plus aujourd'hui qu'un simple enregistrement et un mode d'exécution du décret de
grâce.

Jusqu'en 1831, toutes les décisions gracieuses
étaient assujetties à cette formalité devant les Cours
d'appel ; mais les circulaires ministérielles des
24 août 1831 et 21 mai 1842 en ont successivement
dispensé tous les recours, sauf ceux s'appliquant à la
peine capitale.

Nous venons de voir, qu'en principe, et sauf pour les condamnations capitales, un recours, c'est-à-dire une demande, est nécessaire pour mettre en mouvement le droit de grâce du Président de la République. Demandons-nous, maintenant, si les tribunaux ont la faculté de recommander officiellement un condamné à la clémence du chef de l'Etat. Legraverend ne le pense pas parce que, dit-il, ce droit de recommandation porterait atteinte à la prérogative du pouvoir exécutif, en lui enlevant toute spontanéité et en faisant porter sur lui tout l'odieux du refus.

De fait, les tribunaux de droit commun n'ont jamais eu cette faculté ; seules des juridictions d'exception l'ont possédée à titre tout à fait exceptionnel. L'ancien article 395 du Code d'instruction criminelle reconnaissait le droit de recommandation officielle aux Cours spéciales : la loi du 20 décembre 1815, dans son article 146, étendait ce droit aux Cours prévôtales, et les lois des 10 mars 1818, article 25, § 3, et 21 mars 1832, article 46, sur le recrutement de l'armée, aux tribunaux militaires. Aujourd'hui les cours spéciales et les Cours prévôtales n'existant plus, la question ne peut se poser que pour les tribunaux militaires ; la circulaire ministérielle du 8 septembre 1842 leur refuse ce droit. Les juges des tribunaux militaires ont la faculté d'invoquer la clémence du Souverain en faveur d'un condamné digne de pitié ou d'intérêt. Ce n'est pas un droit qu'ils ont comme juges, mais une faculté dont ils peuvent user comme officiers ayant une connaissance exacte des faits, et pouvant apprécier s'il doit être tenu compte de motifs ou de considérations qu'ils n'auraient pu, en qualité de magistrats, faire entrer dans le jugement de la cause.

Conformément à cette opinion, les lois sur le recrutement de l'armée des 27 juillet 1872 et 15 juillet 1889 ne reproduisent plus, au profit des tribunaux militaires, le droit de recommandation spéciale ; nous dirons donc que ce droit ne leur appartient plus. Voici la formule actuellement employée par les Conseils de guerre, pour implorer la clémence du chef de l'Etat : « Les soussignés, membres du Conseil de guerre, après avoir condamnés..... se sont spontanément réunis dans la Chambre des délibérations, et après avoir de nouveau conféré au sujet de l'affaire,..... » ils agissent donc bien ici en qualité d'officiers et non plus comme juges.

Nous en dirons autant, et à plus forte raison, des magistrats, du ministère public, des jurés qui recommandent un condamné à la clémence du Président de la République ; ils le font, pour ainsi dire, à titre de particuliers qui croient en leur âme et conscience qu'un individu est digne de bienveillance. « La seule faculté qui soit laissée à cet égard par la loi aux tribunaux, nous dit M. Gobron (1), c'est de se

_____

(1) M. Gobron, *op. cit.* page 190.

réunir spontanémeut une fois l'audience terminée, pour rédiger une supplique qu'ils signent individuellement. Les magistrats de la Cour d'assises sont, en outre, autorisés à transmettre au Ministre de la justice les vœux ainsi formulés par le Jury, en les accompagnant de leurs observations. »

La dernière garantie que nous ayons d'une sage et judicieuse distribution des grâces, consiste dans la nécessité du contre-seing ministériel ; ceci résulte de l'article 3 *in fine*, de la loi constitutionnelle du 25 février 1875 : « Chacun des actes du Président de la République doit être contresigné par un ministre. »

Le droit de grâce ne fait pas exception à cette règle et toute mesure gracieuse doit être contresignée soit par le Ministre de la justice, soit par le Ministre de la guerre ou de la marine, suivant qu'il s'agit de condamnations prononcées par la juridiction civile ou par les juridictions militaire ou maritime. L'irresponsabilité politique du Président-étant proclamée par notre Constitution, le contre-seing ministériel est nécessaire pour engager la responsabilité du gouvernement devant les Chambres.

Le contre-seing ministériel est une garantie, car le Ministre ne signera pas à la légère des actes qui pourraient motiver un blâme des Chambres et amener peut-être une crise ministérielle ; aussi refusera-t-il dans certains cas de s'associer à l'œuvre du Président.

On a même prétendu à ce sujet, que le Ministre, pouvant ainsi tenir en échec la décision du Président, était le véritable dispensateur des grâces et que le rôle du Président de la République se réduisait à néant. Il y a un peu de vrai dans cette assertion, surtout lorsque les grâces s'appliquent à des délits politiques; mais aussi beaucoup d'exagération car, si le contre-seing du Ministre est nécessaire, la volonté du Président est indispensable pour l'octroi d'une mesure gracieuse.

Cette opinion a été soutenue à la Chambre des députés, dans la séance du 30 octobre 1891, par M. Ernest Roche, dans son interpellation sur le maintien en prison du citoyen Lafargue ; prenant à partie le Garde des Sceaux, il lui dit : « La loi vous permet de gracier un condamné, pourquoi ne l'avez-vous pas fait... vous pouvez, par un simple décret gouvernemental, remettre les choses à leur point véritable et servir la cause républicaine. Je demande à M. le Président du Conseil de faire connaître à la Chambre les raisons politiques qui l'empêchent de grâcier aujourd'hui M. Lafargue ? » M. Edmond Magnier a soutenu la même thèse devant le Sénat, dans la séance du 25 avril 1893, lors de son interpellation sur la grâce accordée à M. Turpin.

Ces faits, que nous pourrions multiplier, prouvent que la Chambre des députés et le Sénat ont trouvé dans l'obligation du contre-seing ministériel un moyen de contrôle sur les décisions gracieuses prises par le Président de la République. Est-ce un bien ou un mal? il est difficile de se prononcer, car ce contrôle, qui a des avantages incontestables, peut devenir parfois une véritable mise en demeure, une injonction entièrement subordonnée à des considérations de partis et mêler ainsi la politique à des questions qui devraient y rester tout à fait étrangères. Nous aurons l'occasion, dans la dernière partie de cette étude, de revenir sur cette question quand nous apprécierons l'utilité de la grâce en matière politique.

# CHAPITRE III



La Constitution de 1875 s'est bornée à désigner l'autorité qui graciera sans réglementer les limites assignées au droit de grâce et sans indiquer son éten- due : dans ce présent chapitre nous allons essayer de le faire.

La grâce, nous l'avons déjà dit, est la remise totale ou partielle d'une peine. Cette définition implique nécessairement un jugement rendu, puisqu'il n'y a pas de peine sans jugement. La grâce ne peut donc intervenir qu'après le prononcé d'un jugement par un tribunal.

Depuis leur suppression par la Constituante, les lettres d'abolition avant jugement n'ont pas été réta- blies. Même sous l'empire de nos chartes qui, pour- tant, n'imposaient aucune limite au droit de grâce, ce point n'a fait aucun doute : nous trouvons dans des lettres de grâce du 10 août 1814, entérinées le 16 à la Cour de Rouen, ces mots caractéristiques de

Louis XVIII : « Les lettres d'abolition avant le jugement, contre lesquelles les magistrats les plus dis-
tingués n'ont cessé de réclamer autrefois, sont contraires aux règles, entravent le cours de la justice,
et nuisent à l'action des Tribunaux ; il n'en est pas
ainsi de l'abolition après la condamnation... » Il est
évident en effet, lisons-nous dans le Dalloz, que la
grâce qui précéderait le jugement ne serait pas une
grâce au sens légal du mot, puisque le propre de
cette mesure est d'anéantir la peine tout en laissant
subsister le délit et qu'elle aurait précisément, en
empêchant la condamnation, pour effet de faire
disparaître le délit ; elle participerait donc de la
nature de l'amnistie et excéderait, en raison des
dispositions de la loi constitutionnelle de 1875, les
pouvoirs du Président de la République.

La grâce ne peut donc intervenir qu'après un jugement, nous ajouterons : après un jugement définitif. Toute mesure gracieuse suppose par essence,
que la peine existe d'une façon certaine et irrévocable et, par conséquent, que toutes les voies de
recours ordinaires sont épuisées. La grâce ne peut
donc être octroyée que lorsque les délais d'appel ou
d'opposition sont expirés et elle ne saurait non plus
être accordée au contumax. Nous savons, en effet,
qu'en cas de jugement par défaut, la peine primitivement infligée par les juges doit tomber et faire place
à une autre peine définitive celle-ci, si le contumax

se constitue prisonnier ou bien est arrêté avant que la prescription ne soit accomplie ; la première n'est donc pas irrévocable et ne saurait, pour cette raison, être remise par voie de grâce. De plus, l'équité s'oppose à ce que le contumax bénéficie d'une mesure gracieuse, il n'en est pas digne, puisqu'il est en état de rébellion vis-à-vis la justice de son pays.

La prescription de la peine a aussi pour conséquence de rendre impossible l'application de la grâce, la prescription a pour effet essentiel d'empêcher l'exécution de la peine ; le condamné ne peut plus être inquiété, la question ne se pose donc pas de savoir si la grâce peut intervenir pour commuer ou remettre sa peine, il est de toute évidence que cela est impossible.

En résumé, toute peine définitive et non prescrite peut être l'objet d'une mesure gracieuse, tant que son exécution matérielle n'est pas totalement accomplie. Rien, en droit, ne s'oppose donc à ce que la grâce soit accordée aux récidivistes ; l'état de récidive ne change pas le caractère de la peine encourue et ne modifie en rien sa nature, il consiste simplement dans le fait qu'un individu a été condamné plusieurs fois pour des crimes ou délits semblables et prouve seulement la perversité du condamné ; aussi, en pratique, ne bénéficiera-t-il que rarement de la clémence du chef de l'Etat, car il sera difficilement jugé digne de pitié.

La grâce enfin s'applique, en principe, à tous les condamnés sans distinction ; il importe peu que la peine ait été prononcée par un tribunal de droit commun ou par un tribunal d'exception : aussi dirons-nous que la grâce peut s'appliquer dans certains cas aux personnes condamnées par les Conseils de Préfecture et aux justiciables de la Haute Cour ; pour ceux-ci il n'en a pas toujours été de même. L'article 3 de la loi des 17-21 juin 1871, décidait, après la constitution de 1848, « que la grâce ne pouvait être accordée que par une loi aux Ministres et autres fonctionnaires ou dignitaires, dont la mise en accusation avait été ordonnée par l'Assemblée nationale. » La constitution de 1875 n'a rien reproduit de semblable et ne renferme aucune restriction ni dans l'article 3 de la loi du 23 février, ni dans les articles 12 à 15 de la loi du 16 juillet, qui s'occupe de la compétence de la Haute-Cour ; de ce silence nous concluerons qu'il n'existe actuellement aucune limitation de ce genre. Nous venons d'indiquer l'effet essentiel de la grâce, qui est d'*empêcher dans une mesure plus ou moins complète, l'exécution matérielle de la peine.* Il nous faut insister tout particulièrement sur ce point qui est de la plus haute importance et qui nous servira presque uniquement dans la recherche de l'étendue exacte du droit de grâce. M. Gouraincourt, au début de son ouvrage, a parfaitement mis en lumière ce caractère, dans la définition qu'il nous donne de la grâce : « La grâce, nous dit ce magistrat, est la renonciation au droit d'exécuter la peine prononcée contre celui qui a enfreint les prescriptions de la loi. » La grâce porte donc uniquement sur l'*exécution de la peine*. C'est sur cette idée que nous allons étayer le raisonnement au moyen duquel nous définirons les peines qui peuvent être remises par voie de grâce et, par là même, l'étendue de ce droit.

La grâce, avons-nous dit, s'applique exclusivement à la peine dont elle modifie plus ou moins profondément l'exécution. Tel est le principe fondamental qui nous servira à déterminer l'étendue du droit de grâce ; il implique une double limitation : 1° la grâce ne peut intervenir que pour les peines au sens strict et pénal du mot ; 2° l'exécution de cette peine doit, de plus, être susceptible de modifications. Nous allons envisager toutes les pénalités à ce double point de vue, et suivant les réponses auxquelles nous serons conduits, nous déciderons qu'elles rentrent ou non, dans le champ d'application de la grâce.

La condamnation prononcée à la suite d'un jugement criminel contient généralement plusieurs éléments qu'il nous faut distinguer avec soin : ce sont la peine proprement dite, les réparations civiles et les frais du procès.

La peine n'est autre que le châtiment établi par la

loi, dans un intérêt social, contre l'auteur de l'infraction ; lorsque cette infraction a lésé un intérêt privé,
elle entraîne aussi contre son auteur une condamnation à des réparations civiles sous la forme de restitution ou de dommages-intérêts ; enfin tout procès
occasionne des frais que doit supporter l'auteur de
l'infraction ou la personne qui s'est portée partie civile. De ces trois éléments, la peine seule peut être
remise par voie de grâce ; les réparations civiles et
les frais ne sauraient l'être ; l'Etat ne peut renoncer
qu'au droit de répression, mais ne peut dispenser
l'auteur de dédommager la partie lésée ; la victime
a le droit d'être indemnisée ; elle le puise dans l'article 1382 du Code civil. Quant aux frais, ils constituent une dette envers l'Etat pour l'avance faite par
lui dans l'intérêt d'une prompte justice ; la grâce qui
n'atteint que la peine ne saurait donc s'étendre aux
frais qui ont un tout autre caractère.

Ces trois éléments de la condamnation, surtout les
deux premiers, ne se distinguent pas toujours nettement ; certaines peines ont tout à la fois le caractère
de répression et celui de réparation, aussi donnent-
elles lieu à de vives controverses que nous aurons
bientôt l'occasion de rencontrer.

Les auteurs sont unanimes à poser comme principe que les peines seules peuvent être remises par
voie de grâce ; mais ils sont loin d'être d'accord
dès qu'ils cherchent à donner une énumération

des châtiments compris sous cette appellation.

Ils distinguent généralement trois catégories de châtiments ; les peines proprement dites, les incapacités et les peines disciplinaires : pour les uns, la grâce doit s'étendre, aux trois catégories qui, à leurs yeux, constituent toutes de véritables peines ; c'est la thèse soutenue par M. Gobron. L'opinion contraire est émise par M. Gouraincourt : il pense que les châtiments de la première catégorie présentent seuls le double caractère préventif et répressif qui constitue la pénalité et qu'à l'exclusion des autres, ils peuvent être l'objet d'une mesure gracieuse.

Nous allons adopter une opinion intermédiaire et reconnaître en principe, aux deux premières catégories de châtiments, le caractère pénal que nous refuserons aux peines disciplinaires.

Nous pouvons classer les peines d'après le résultat matériel de leur exécution et distinguer les peines corporelles, les peines pécuniaires et les peines privatives de droit ; chacune de ces classes fera l'objet d'un paragraphe distinct.

## § 1. — *Peines corporelles.*

Par peines corporelles nous entendons celles qui atteignent le condamné par la suppression de la vie ou la privation de sa liberté. Confondant les peines

de droit commun et les peines politiques, nous citerons : la peine de mort, les travaux forcés à perpétuité ou à temps, la déportation simple ou dans une
enceinte fortifiée, la détention, la réclusion, l'emprisonnement correctionnel ou de simple police, le bannissement, la contrainte par corps et la relégation.

La plupart de ces peines peuvent être remises par
voie de grâce, leur caractère pénal n'est pas douteux
et leur exécution matérielle peut, sans difficulté, être
suspendue ou adoucie tant qu'elle n'est pas terminée, aussi n'en parlerons-nous pas ; le bannissement,
la contrainte par corps et la relégation doivent seuls
attirer quelques instants notre attention.

### Bannissement.

Le bannissement est une peine politique principale
restrictive de la liberté qui consiste dans l'interdiction du territoire français. Le caractère pénal du
bannissement n'est pas douteux ; mais pour décider
si la grâce lui est applicable, il faut voir si son exécution est susceptible de modification.

Les auteurs et la jurisprudence de la Chancellerie
sont unanimes à admettre que la grâce peut s'appliquer au bannissement ; malgré l'autorité incontestable qui s'attache à cette opinion, nous avons hésité
longtemps à la partager car les principes posés par

nous pour caractériser les peines rémissibles par voie gracieuse nous faisaient avoir quelques doutes ; sans vouloir assimiler le bannissement aux incapacités, nous ne pouvions nous empêcher de trouver entre eux une certaine ressemblance, et tout particulièrement une grande analogie avec l'interdiction de séjour. Nous raisonnions ainsi :

Après avoir admis que, pour être possible, la grâce devait pouvoir apporter une modification matérielle dans l'exécution de la peine, demandons-nous en quoi consiste le bannissement? Est-ce dans l'expulsion du territoire français ou dans l'interdiction de séjour sur ce territoire? La réponse variera avec l'une ou l'autre de ces définitions. Si l'on admet la première, l'exécution consiste dans la conduite sous escorte à la frontière ; la grâce devient alors possible, mais seulement dans l'intervalle qui sépare le moment où la condamnation est devenue irrévocable, de celui où le banni quitte le territoire ; à l'instant où il franchit la frontière, l'exécution matérielle est accomplie. Si l'on adopte la seconde définition, il faut reconnaître que le bannissement s'exécute de plein droit, sans mesure matérielle, par une diminution de capacité ; la conduite sous escorte jusqu'à la frontière, devient une simple mesure de police ayant pour but de s'assurer de l'éloignement du condamné et nous arrivons à cette conclusion que la grâce ne saurait jamais intervenir efficacement.

Il peut arriver que les pays limitrophes refusent de recevoir où de laisser passer le condamné ; celui-ci est alors incarcéré en France et l'emprisonnement qu'on lui applique prend le nom de détention (1). Il est regrettable que le refus opposé par les gouvernements étrangers puisse influer ainsi, sur les conditions de cette peine et rendre son exécution beaucoup plus rigoureuse. Quoiqu'il en soit, la question se pose alors de savoir si cette détention peut être remise par voie gracieuse ? Nous répondrons sans hésiter par l'affirmative, si nous admettons que l'exécution matérielle du bannissement dure tant que le condamné n'a pas quitté le territoire ; mais si nous pensons que le bannissement s'exécute de plein droit, nous nous demandons s'il faut étendre à la détention tous les caractères de la peine à laquelle elle supplée ? Cela nous paraît bien difficile, et alors nous arrivons à ce résultat bizarre et inacceptable d'une peine qui serait tantôt rémissible, tantôt irrémissible par voie de grâce, suivant que les Etats limitrophes acceptent ou refusent de recevoir le banni !

Nous ne pouvons admettre ce résultat, aussi, quoique le système que nous venons d'exposer ait presque ébranlé notre conviction, préférons-nous partager l'opinion universellement admise et dire que la grâce s'applique au bannissement.

(1) Voir *ordon.* 2 avril 1817, art. 4 et rapport de M. de Bastard à la chambre des Pairs, séance du 8 mars 1832.

Il y aurait enfin un autre inconvénient, dans l'état actuel de notre législation, à ce que la grâce ne s'appliquât pas au bannissement; c'est que cette peine ne pourrait plus être remise par aucun moyen; l'amnistie seule pourrait intervenir efficacement, mais nous savons que cette mesure ne repose pas sur les mêmes principes et n'est pas dictée par les mêmes raisons.

### Contrainte par corps.

La contrainte par corps consiste dans l'incarcération du débiteur, en vue de le forcer à payer sa dette, à découvrir ses ressources, et à faire usage de son crédit. Elle n'est possible que pour les condamnations pécuniaires, qui ont leur cause dans une infraction, elle ne s'applique qu'aux amendes, aux réparations civiles et aux dépens (Lois du 22 juillet 1867 et 19 décembre 1871).

Certains auteurs ont soutenu que la contrainte par corps était une véritable peine; ce caractère lui a été donné dans la loi du 15 germinal, an VI; Bigot-Préameneu disait de la contrainte par corps: « C'est le premier degré des peines nécessaires pour maintenir l'ordre public. »

Depuis cette époque, la doctrine a varié et aujourd'hui la presque unanimité des criminalistes n'y voient qu'un moyen de coercition contre le débiteur malhonnête. M. Gouraincourt, dans son ouvrage, a adopté cette opinion, que M Gobron a partagé après lui.

Quant à nous, nous croyons devoir reconnaître à la contrainte par corps un caractère mixte : c'est à la fois une épreuve de solvabilité et une peine, et, suivant les cas, l'un ou l'autre de ces caractères prédomine.

Nous ne croyons pas utile d'établir, après M. Gouraincourt « une distinction entre les individus soumis à la contrainte à la suite d'une condamnation à l'amende et ceux qui y sont soumis après une condamnation prononçant restitution ou dommages-intérêts en faveur des particuliers, pour réparations. » L'essentiel, à notre avis, est de voir si l'insolvabilité de cet individu est ou non connue avant son incarcération.

Cette constatation faite, nous dirons que dans le premier cas, la contrainte a, avant tout, le caractère d'une épreuve de solvabilité ; mais que dans le second on ne peut lui dénier celui d'une véritable peine. Il entre, en effet, dans la pratique constante des Parquets d'exercer la contrainte pour la moitié de sa durée contre les condamnés dont l'insolvabilité est établie avant l'incarcération ; ce droit résulte de l'article 10 de la loi du 22 juillet 1867, ainsi conçu : « Les condamnés qui justifient de leur insolvabilité, suivant l'article 420 du Code d'Instruction Criminelle, sont mis en liberté après avoir subi la contrainte pendant la moitié de la durée fixée par le jugement. »

Nous déciderons donc que, dans le premier cas, lorsque la situation pécuniaire du condamné est inconnue, la contrainte par corps ne saurait être remise par voie de grâce; mais que dans le second, lorsque son insolvabilité est duement constatée, il n'y a aucune raison en droit, pour lui refuser le bénéfice de cette faveur, dès l'instant que nous reconnaissons alors à la contrainte par corps, les caractères d'une véritable peine corporelle. Cette opinion s'écarte de la pratique suivie à la Chancellerie, qui n'admet jamais que la grâce puisse s'appliquer à la contrainte par corps.

### Relégation.

La relégation des récidivistes a été organisée par la loi du 27 mai 1885. C'est une peine complémentaire destinée aux repris de justice que la loi considère dans l'impossibilité de pouvoir se reclasser en France.

On a contesté le caractère pénal de la relégation; ce n'est, a-t-on dit, qu'une mesure administrative, qui a pour but de prévenir les crimes et les délits, en éloignant du territoire continental, certains criminels dans l'espoir de les reclasser loin de la métropole. Il y a du vrai dans cette proposition, mais ce côté préventif de la relégation ne l'empêche pas pour cela d'être une véritable peine attachée à l'état de

récidive ; elle entraîne privation ou restriction de liberté, suivant qu'elle est collective ou individuelle
et elle est encourue à la suite de plusieurs condamnations. Cette peine s'exécute par la transportation dans
certaines colonies, avec obligation d'y résider à perpétuité.

Nous reconnaissons donc à la relégation les deux
caractères indispensables, mais suffisants pour qu'elle
puisse être remise par voie de grâce : c'est une peine
qui nécessite une exécution matérielle susceptible de
modifications.

Cette conclusion nous conduit à considérer comme
superflu et inutile, l'article 15 de la loi du 27 mai
1885, qui s'exprime ainsi : « En cas de grâce, le condamné à la relégation ne pourra en être dispensé que
par une disposition spéciale des lettres de grâce. Cette
dispense, par voie de grâce, pourra d'ailleurs intervenir après l'expiration de la peine principale. » Il
est évident, tout d'abord, que la remise même totale
de la dernière peine principale encourue, ne pouvait, *de plano*, entraîner avec elle, remise de la rélé-
gation. La grâce, nous le savons déjà, ne fait que
modifier ou supprimer l'exécution de la peine, mais
ne touche pas à la condamnation qui, elle, existe
toujours ; or, la relégation a sa cause dans la plura-
lité des condamnations ; la cause subsistant, l'effet
doit nécessairement subsister aussi. La conséquence
serait tout autre si la dernière condamnation était

effacée par une amnistie ; il serait alors exact de dire que la relégation n'est plus applicable ; le législateur a dû confondre les effets de la grâce avec ceux de l'amnistie et cette confusion peut seule expliquer les termes de ce texte.

La fin de cet article nous paraît aussi inutile que le commencement, si l'on admet comme nous, le caractère pénal de la relégation et si l'on envisage son exécution matérielle. Les principes nous conduisent à la disposition indiquée dans le texte et nous obligent même à l'étendre, en ce sens, que la décision gracieuse, dispensant de la relégation, pourrait intervenir aussi bien avant, qu'après l'expiration de la peine principale, car elle est irrévocable dès que la dernière condamnation le devient : nous ne croyons pas non plus devoir interpréter la fin de l'article 15 dans un sens restrictif qui interdirait la dispense de la relégation, avant l'expiration de la peine principale ; il est plus naturel de penser que le législateur a simplement voulu spécifier que la relégation était remissible par voie de grâce : c'était superflu.

Avant d'aborder l'énumération des peines pécuniaires, il nous faut dire un mot de la détention des mineurs de moins de seize ans.

### Détention des mineurs de moins de 16 ans.

L'article 66 du Code pénal, décide que : « lorsque l'accusé aura moins de seize ans, s'il est déclaré

avoir agi sans discernement, il sera *acquitté* ; mais il
sera, selon les circonstances, remis à ses parents, ou
conduit dans une maison de correction, pour y être
élevé et détenu pendant tel nombre d'années que le
jugement déterminera, et qui toutefois, ne pourra
excéder l'époque où il aura atteint sa vingtième
année ».

Ce texte suffit pour nous montrer que cette détention ne peut être remise par voie de grâce; il lui
manque pour cela un caractère essentiel : ce n'est pas
une peine : le mineur de moins de seize ans qui a agi
sans discernement est *acquitté*, or, l'acquittement
écarte toute idée de peine. Si l'enfant est enfermé
dans une maison de correction, ce n'est pas pour lui
infliger une punition, mais bien pour faire son éducation ; cette mesure est prise tout autant dans son
intérêt que dans celui de la Société ; on le soustrait à
l'autorité de ses parents parce que ceux-ci ne le sur-
veillent pas assez ou même lui donnent le mauvais
exemple.

Nous avons terminé ainsi l'étude des peines corporelles et nous arrivons à celle des peines pécuniaires.

### § 2. — *Peines pécuniaires.*

Les peines pécuniaires sont ainsi appelées, parce
qu'elles atteignent le condamné dans son patrimoine.

L'énumération en est courte : l'amende et la confiscation auxquelles nous ajouterons la publicité des
jugements, envisagée au point de vue des frais qu'elle
occasionne à celui qui s'y voit condamner.

Ces peines exigent toutes, une exécution matérielle, susceptible de modification tant qu'elle n'est
pas achevée ; ce n'est donc pas cette considération
qui pourra empêcher la grâce de leur être applicable.
Le point essentiel ici, sera de rechercher, si, dans
tous les cas, elles possèdent le caractère pénal indispensable pour qu'elles soient rémissibles par voie de
grâce. Nous allons les passer successivement en revue.

1º L'amende.

L'amende, dans notre ancien droit, n'avait jamais
un caractère purement pénal, elle avait pour but,
en même temps qu'elle était un châtiment pour le
coupable, d'indemniser l'Etat « des frais qu'il était
obligé de faire pour la poursuite des criminels (1) ».
C'est la loi du 18 germinal, an VII, qui distingua nettement et définitivement l'amende des frais de justice.

L'amende, aujourd'hui, est loin d'avoir toujours
un caractère pénal absolu ; souvent, à l'idée de sanction pécuniaire s'ajoute celle de dommages-intérêts

_______

(1) Muyart de Vouglans, *Lois crim.* p. 84.

dûs soit à des particuliers (amendes civiles) soit à l'Etat (amendes fiscales) ; nous distinguerons donc les amendes rémissibles par voie de grâce et les amendes non rémissibles (1).

### Amendes rémissibles par voie de grâce.

1° Ce sont d'abord les amendes en matière criminelle.

L'amende pénale est généralement appliquée en matière correctionnelle et de simple police (art. 9 et 464 du Code pénal) et exceptionnellement en matière criminelle, par exemple en cas de faux (art. 164), concussion (art. 174) corruption de fonctionnaires (art. 177, 181,) etc.

En règle générale, ces amendes sont édictées dans l'intérêt social, et possèdent les caractères préventifs et répressifs essentiels à la peine, nous dirons donc qu'elles sont rémissibles par voie de grâce. Elles sont toujours appliquées par les tribunaux, après une déclaration préalable de la culpabilité du délinquant et sont prononcées à raison d'une infraction, c'est-à-dire d'un fait incriminé par une loi pénale, mais il n'est pas nécessaire pour cela que ces amendes soient prononcées par un tribunal répressif, en effet, sont pareillement rémissibles par voie de grâce :

(1) V. *Sur ces amendes*, Dalloz. Rep. V°. *Peines*, n°ˢ 735 et suiv.

2° Les amendes prononcées en vertu de la loi du 9 ventôse, an XIII, par les Conseils de préfecture, pour les contraventions aux dispositions relatives aux plantations des grandes routes et des chemins vicinaux ; ces amendes n'impliquent en rien l'idée de réparation dûe à l'Etat ; elles ont donc bien le caractère pénal.

3° M. Gouraincourt (1) après avoir posé le principe qu' « en matière civile les amendes doivent être généralement considérées comme ayant seulement un caractère de réparation civile qui éloigne toute idée de peine et s'oppose à la possibilité de réduction ou remise par voie de grâce », cite comme exemple les amendes prévues par les articles 56, 213, 247, 374, 390, 471, 479, 494, 513 du Code de procédure civile, et conclut en disant qu'elles ne sont pas rémissibles.

Nous ne contestons pas le caractère civil de ces amendes ; mais il nous paraît difficile de ne pas étendre jusques à elles le bénéfice de la grâce : ces amendes ne renferment pas l'idée d'une réparation civile au profit de l'Etat, ce dernier ne souffre aucun préjudice matériel évaluable en argent, tout au plus pourrions-nous y découvrir un préjudice moral. Dans ces articles, le législateur a eu principalement en vue d'empêcher des justiciables d'employer des moyens

_______________

(1) *Op. cit.* page 42.

détournés pour retarder l'œuvre de la justice et se
soustraire ainsi, à leurs obligations ; aussi reconnais-
sons-nous à ces amendes, le caractère pénal, c'est bien
là l'idée qui ressort de l'article 374, ainsi conçu : « Celui qui succombera sur sa demande en renvoi, sera
condamné à une amende qui ne pourra être moindre
de cinquante francs, sans préjudice des dommages-
intérêts de la partie, s'il y a lieu. » Nous en dirions
autant des autres articles cités ci-dessus pour lesquels nous renvoyons simplement au texte.

Nous interpréterons de la même manière, d'accord
avec la jurisprudence suivie à la Chancellerie, les
amendes prononcées contre les témoins défaillants
par le Juge commissaire à l'enquête ou aux ordres et
contributions, l'amende dont est passible le fol appe-
lant, en vertu de l'article 441 du Code de procédure,
et celle qui est édictée contre le demandeur en cassation qui succombe (1). Pour ce dernier cas, nous ne
pouvons que regretter de voir le législateur frapper
d'une peine, le plaideur qui ne fait qu'user de son
droit ; cette mesure nous paraît abusive, mais nous
n'avons pas ici à l'apprécier, nous ne devons que
constater son caractère pénal.

4° Il nous reste à parler d'une quatrième catégorie
d'amendes que nous appellerons amendes disciplinaires. Ces amendes sont édictées soit par le Code

___________

(1) Contra Gouraincourt, *op. cit.* p. 43.

civil, le Code de procédure ou le Code d'instruction criminelle dans le cas de manquements dans leurs fonctions commis par des officiers ministériels, des officiers de l'Etat civil ou certains magistrats et fonctionnaires. Nous citerons comme exemples les articles 50, 53 et 192 du Code civil, l'article 1030 du Code de procédure et les articles 343, 396 et 448 du Code d'instruction criminelle. Nous reconnaîtrons à ces amendes le caractère pénal, pour des raisons identiques à celles émises dans le paragraphe précédent et nous déciderons qu'elles peuvent être remises par voie de grâce ; la Chancellerie est dans notre sens.

Telles sont en résumé, les amendes qui peuvent être l'objet d'une mesure gracieuse, il suffit pour cela qu'elles aient un caractère pénal et qu'elles n'éveillent en rien l'idée de réparation civile ; il importe peu qu'elles soient mentionnées dans le Code pénal ou dans un autre Code, cela ne change en rien leur caractère et leur but, qui est d'assurer le bon fonctionnement des services publics et en particulier de la justice. L'amende ne cesse pas d'être pénale parce qu'elle est prononcée par une juridiction civile, si elle réunit les caractères sus énoncés, l'article 409 du Code pénal en est la preuve.

**Amendes non rémissibles par voie de grâce.**

Les amendes non rémissibles par voie de grâce
sont celles qui ont le caractère de réparation civile.
Ce sont les amendes qui répriment des infractions
aux lois et règlements sur les douanes, les contributions indirectes, les octrois, les forêts, l'enregistrement, les postes et télégraphe. Chacune de ces infractions suppose un dommage subi par le trésor,
l'amende est l'appréciation de ce dommage fixée *a
priori* et à forfait. Le meilleur exemple qu'on puisse
proposer est l'article 192 du Code forestier, qui éva-
lue l'amende en cas de coupe ou d'enlèvement
d'arbres, d'après la grosseur des arbres abattus.

Les amendes fiscales sont prononcées soit par les
tribunaux correctionnels, à la requête des agents de
ces administrations, soit par les administrations
elles-mêmes ; parfois elles sont encourues de plein
droit par le seul fait de la contravention ; c'est ce qui
a lieu en matière d'enregistrement et de timbre,
lorsque l'on s'est mis dans le cas d'encourir un
double droit ou un droit en sus.

Dans tous les cas, l'amende doit être envisagée
comme l'indemnité dûe à l'Etat pour le préjudice
causé ; cette idée exclut celle de peine, aussi décide-
rons-nous qu'elles ne peuvent être remises par voie
de grâce : le Ministre des finance aurait seul qualité,
si les circonstances le comportent, de faire surseoir,

pendant un temps plus ou moins long et même indéfiniment, au recouvrement de l'amende, mais cette mesure administrative est bien différente de la grâce et ne doit pas se confondre avec elle ; bien différent aussi est le droit de transaction conféré à certaines administrations, (ex. art. 159, Code forestier) et d'après lequel elles peuvent abaisser le taux de l'amende primitivement fixée (1).

Pour compléter l'étude de l'amende pénale, au point de vue de la grâce, il nous faut indiquer certaines circonstances, postérieures à la condamnation qui mettent obstacle à l'application de la grâce, et exposer ensuite la théorie de la remise de la solidarité.

Les circonstances postérieures auxquelles nous faisons allusion sont au nombre de trois : l'exécution de la condamnation, c'est-à-dire ici, le paiement de l'amende, la prescription et le décès du condamné. Il ne faudrait pas croire que ces trois circonstances soient propres à l'amende, elles sont communes à toutes les peines et tiennent au caractère de la grâce qui, nous l'avons déjà dit plusieurs fois, ne porte que sur l'exécution de la peine en la supprimant ou en la modifiant plus ou moins profondément. La grâce ne peut donc plus s'appliquer, faute

---

(1) Voir le décret du 11 janvier 1897, sur les demandes formées par les redevables, en matière d'enregistrement, à l'effet d'obtenir la remise d'amendes, de droits et demi-droits en sus par eux encourus.

d'objet; dès que cette exécution est parfaite par le paiement, paralysée par la prescription et rendue impossible par le décès du condamné.

En cas de paiement, il faut distinguer s'il a eu lieu avant ou après l'arrivée du recours à la Chancellerie et sa mise à l'instruction : Si le paiement a été fait avant, la grâce est impossible, s'il a été fait après, par une faveur qu'un auteur qualifie d'abusive, la grâce, quoiqu'elle ne rétroagisse pas, est censée produire son effet, du jour où la demande a été adressée au Chef de l'Etat. Dans ce cas, nous nous trouvons en présence d'un paiement de l'indu et le gracié peut réclamer au Percepteur des amendes, le remboursement de la somme perçue.

La prescription de l'amende ne présente rien de particulier, ses effets sont identiques quelle que soit la peine prononcée, nous les avons déjà exposés, aussi n'en reparlerons-nous pas ici.

Par contre, le décès du condamné entraîne des conséquences assez intéressantes. Quand un condamné à une peine corporelle vient à mourir, l'exécution de cette peine devient impossible et prend fin avec lui, car le caractère de toute peine est, avant tout, d'être personnelle : L'amende ne fait pas exception à cette règle ; personne ne conteste qu'elle ne soit personnelle, aussi semble-t-il qu'elle doive prendre fin avec la mort du condamné et ne pas atteindre ses héritiers. C'est pourtant le contraire qui se produit et l'on admet généralement, que si le jugement rendu contre l'auteur de l'infraction est devenu irrévocable de son vivant, les peines pécuniaires peuvent être recouvrées contre ses héritiers. « L'Etat, lisons-nous dans l'ouvrage de M. A. Laborde (1), poursuit l'exécution d'un jugement, qui l'a rendu créancier ; le droit qu'il avait contre la personne est devenu, par l'effet de ce jugement un droit contre le patrimoine ; il s'est opéré une novation par changement de cause (2). »

La succession du condamné devient débitrice de l'amende envers l'Etat, c'est donc une dette, une réparation civile, que la grâce ne saurait remettre, nous pensons néanmoins qu'on pourrait, ici, étendre le bénéfice accordé en cas de paiement et décider que l'amende pourrait encore être remise si le décès s'est produit dans l'intervalle qui sépare le moment de la demande en grâce du jour où la décision est intervenue : nous ne voyons pas de raisons pour refuser cet avantage à la succession du condamné, ce que nous venons de dire de l'amende s'applique à la peine de la confiscation, avec cette seule différence, que l'Etat vis-à-vis des héritiers du condamné, agit non plus en qualité de créancier, mais comme propriétaire de l'objet confisqué.

(1) A. Laborde, *op. cit.* p. 235.
(2) Voir sur cette question : Blanche, 1, 300. Chauveau et Hélie, 1. 87. Loiré, xxv, p. 118.

### Remise de la solidarité.

Si nous voulions être méthodique, nous devrions placer la remise de la solidarité, dans les effets de la grâce ; mais nous croyons préférable d'en parler ici afin d'en finir une fois pour toutes avec l'amende envisagée au point de vue de la grâce.

L'article 55 du Code pénal décide que : « Tous les individus condamnés pour un même crime ou pour un même délit, seront tenus solidairement des amendes... » C'est à n'en pas douter, une aggravation de la peine qui, d'après Bertauld (1), correspond à l'aggravation de l'infraction par l'association. Quoique, à notre avis, la solidarité pour l'amende ne nous semble pas rationnelle ; nous devons l'admettre puisqu'elle est édictée par la loi, reconnaître son caractère pénal et décider qu'elle peut être remise par voie de grâce ; la jurisprudence de la Chancellerie est constante en ce sens.

Quels sont les effets de la remise de la solidarité ? Deux cas peuvent se présenter : ou bien le décret de grâce fait remise de la solidarité à tous les coauteurs, ou bien cette remise n'est accordée qu'à l'un d'eux. Dans le premier cas, les coauteurs ne sont plus tenus chacun, que de leur amende propre, comme si la solidarité n'avait jamais existé ; dans le second cas,

(1) Bertauld, p. 285.

celui qui bénéficie de la mesure gracieuse n'est évidemment plus tenu que du montant de son amende personnelle ; mais détail à noter, ses co-auteurs bénéficient eux aussi de cette mesure, en ce sens que l'Etat ne peut leur réclamer que le montant total des amendes, diminué de l'amende prononcée contre le gracié ; c'est une conséquence du mandat qui est censé exister entre les codébiteurs et d'après lequel ils se représentent *ad perpetuendam et minuendam obligationem, non ad augendam.* Ce que l'un des débiteurs ne peut pas faire par son propre fait ; l'Etat ne croit pas pouvoir le faire en accordant à l'un d'eux une faveur.

Prenons un exemple : trois individus, Primus, Secundus et Tertius, sont condamnés pour un même délit à 50 francs d'amende chacun ; la loi les déclare débiteurs solidaires (1), l'un d'eux peut être poursuivi pour le tout, soit 150 francs. Supposons que la remise de la solidarité soit accordée aux trois coauteurs, ils ne restent plus débiteurs chacun, que de leur amende personnelle : 50 francs ; si au contraire, Primus bénéficie seul de cette faveur il n'est plus tenu que de son amende, mais Secundus et Tertius profitent dans une certaine mesure de cette grâce, en ce sens, qu'ils ne pourront plus être poursuivis que pour 100 francs. Si l'Etat pouvait encore leur récla-

(1) Blanche, 1, 428.

mer le tout, soit 150 francs, leur situation serait aggravée car ils perdraient, sans compensation, une chance de ne pas être inquiétés.

Nous avons terminé ainsi l'étude de l'amende, disons quelques mots de la confiscation.


### 2° Confiscation.


La confiscation, de même que l'amende, n'est pas toujours une peine, elle peut revêtir divers caractères qu'il nous faut distinguer avec soin, car la grâce ne peut s'appliquer qu'à la confiscation pénale.

En tant que peine ; la confiscation se rencontre dans les trois classes d'infractions (articles 11 et 464 du Code pénal ; mais ce n'est pas là son seul caractère ; quelquefois elle est prononcée à titre de réparation civile, d'autres fois à titre de mesure de police. Si l'objet confisqué doit être remis à un particulier, la confiscation est une réparation civile, s'il doit être attribué à l'Etat, c'est une peine ou une mesure de police. Pour distinguer maintenant la confiscation pénale de la confiscation mesure de police, il faut examiner la raison d'être de la confiscation. Porte-t-elle sur un objet dont l'existence ou la possession par un particulier est prohibée, c'est une mesure de police ; s'applique-t-elle, au contraire, à un objet dont l'existence ou la possession est licite, c'est une peine ; dans ce cas, en effet, la loi punit l'usage ou la provenance de la chose (1).

Comme exemples de confiscation ayant le caractère de réparation civile, nous pouvons citer les lois protectrices de la propriété industrielle, littéraire ou artistique, la loi du 25 juillet 1844, article 49 sur les Brevets d'Inventions où il est dit que « les objets reconnus contrefaits et confisqués, seront remis au propriétaire du brevet » ; la loi du 25 juin 1857, article 14 sur les marques de fabrique, la loi du 30 avril 1886, article 5, sur l'usurpation des médailles et récompenses industrielles ; les articles 425 à 430 du Code pénal sur le délit de contrefaçon. La loi du 9 février 1895 sur les fraudes en matière artistique : art. 3.

La confiscation des écrits, livres et gravures, obscènes, prévue par les articles 287 et 477 du Code pénal ; celle des denrées et boissons falsifiées par des mixtures nuisibles à la santé, prescrite par la loi du 27 mars 1851, article 5 et celle des armes prohibées ou munitions de guerre (art. 314 du Code pénal ; loi 24 mai 1834 article 4) sont autant d'exemples de confiscations à titre de mesure de police. Nous rencontrons enfin la confiscation absolument pénale dans les articles 176, 180, 410 du Code pénal qui visent la confiscation de marchandises, dont certains fonction-

______

(1) A. Laborde, *opin. cit.* p. 227.

naires ont fait un commerce qui leur est interdit ; des choses données à un fonctionnaire pour le cor·rompre ; le mobilier et l'enjeu des maisons clandestines de jeu. De toutes ces confiscations, ces dernières seules sont rémissibles par voie de grâce et alors les objets saisis sont restitués à leur propriétaire.

### 3ᶜ Publicité du jugement.

Ici encore nous allons rencontrer des distinctions analogues à celles que nous avons trouvées pour l'amende et la confiscation.

Nous pouvons distinguer trois espèces de publicité : la publicité que nous appellerons d'ordre public, la publicité qui a le caractère de réparation civile et enfin la publicité véritablement pénale.

La publicité d'ordre public est prévue par l'article 36 du Code pénal. « Tous arrêts qui porteront la peine de mort, des travaux forcés à perpétuité et à temps... seront imprimés par extraits. Ils seront affichés dans la ville centrale du département, dans celle où l'arrêt a été rendu, dans la commune du lieu où le délit a été commis, dans celle où se fera l'exécution et dans celle du domicile du condamné. » C'est, à notre avis, le corollaire du principe fondamental de la publicité des audiences où se rend la justice ; aussi ne croyons-nous pas qu'elle puisse être remise par voie gracieuse.

Une deuxième catégorie de publicité est édictée par les tribunaux à titre de dommages-intérêts accordés à la partie lésée en vertu des articles 10 et 51 du Code pénal; pour celle-ci il n'y a pas de doute; la grâce ne saurait l'atteindre.

Reste enfin la publicité pénale, peine complémentaire qui peut, sans difficulté, être l'objet d'une remise, l'article 6 de la loi du 17 mars 1851 prévoit le cas d'une publicité de ce genre, lorsqu'un individu a falsifié des denrées alimentaires.

### § 3. — *Peines privatives de droits ou incapacités.*

Nous classons, parmi les peines privatives de droits, les peines que l'on est convenu d'appeler *incapacités*, telles que l'interdiction de séjour, la résidence obligée, la dégradation civique, l'interdiction légale, la double incapacité de disposer et de recevoir à titre gratuit, l'interdiction de certains droits civiques, civils et de famille, et enfin certaines incapacités spéciales.

Parmi les peines privatives de droits, il n'en est que deux qui puissent parfois avoir le caractère de peine principale; ce sont: la dégradation civique et l'interdiction de séjour.

La dégradation civique est principale dans un certain nombre de crimes politiques de faible impor-

lance, tels que ceux visés par les articles 111, 114,
119, 122, 126, 127. 130 du Code pénal, et dans quelques cas assez rares de crimes de droit commun,
tels que les cas de forfaiture (articles 167 et 183)
de corruption de fonctionnaires (art. 177 et 179) et
de coups portés à un Ministre d'un culte, dans l'exercice de ses fonctions (art. 263). L'interdiction de séjour devient principale, lorsque la peine principale,
à laquelle elle était jointe, se trouve écartée par
l'effet de certaines excuses (articles 100, 108, 144, 213
271 du Code pénal.

Le plus généralement, les incapacités ont le caractère de peines accessoires ; ainsi la dégradation civique est la conséquence légale de toute condamnation à une peine criminelle et l'interdiction légale de
toutes les peines afflictives. La double incapacité de
disposer et de recevoir à titre gratuit et l'interdiction
de séjour sont accessoires de peines afflictives perpétuelles (articles 46, § 4 et 48, § 4) et enfin la résidence obligée est jointe à la peine des travaux forcés
à temps (loi du 30 mars 1854, article 6). Certaines de
ces peines privatives de droits peuvent encore avoir
le caractère de peines complémentaires : ce caractère
appartient toujours à l'interdiction de certains droits
civils, civiques et de famille (articles 109, 171, 335,
362, 366, etc., du Code pénal), et quelquefois à l'inter-
-diction de séjour, quand elle s'ajoute à des peines
correctionnelles (articles 49 et 50).

Pour plus de clarté nous allons exposer tout d'abord la théorie des incapacités.

Recherchons donc, si les incapacités peuvent être remises par voie gracieuse : cette question est très controversée, et l'opinion, qui veut que la grâce ne s'applique pas aux incapacités, réunit le plus grand nombre d'auteurs (1) ; mais ils ne sont pas tous absolument d'accord entre eux ; certains dénient dans tous les cas à la grâce, le pouvoir de s'appliquer aux incapacités, qu'elles soient prononcées à titre de peine accessoire, peine complémentaire ou peine principale ; Favard est de cet avis et Demolombe résume ainsi les raisons sur lesquelles se fondent les partisans de ce système : « La grâce, dit-il, est la remise de la peine, de la peine elle-même, de la peine proprement dite ; or, les différentes incapacités dont le condamné est frappé, bien que pénales aussi, sans doute, n'ont pourtant pas le même caractère que la peine principale et directe... la réhabilitation seule peut les effacer, car les différentes incapacités sont, pour la plupart, autant de garanties données à la société et aux tiers. »

Cette appréciation sur les incapacités est très juste ; il est hors de doute que les incapacités sont, jusqu'à un certain point, des garanties données à la société et

______

(1) Voir en ce sens Aubry et Rau, i, 336. Demolombe, i, 235 ; Ortolan, ii, 1923 ; Bertauld, p. 464 : Garraud, Précis 283.

aux tiers, mais Demolombe est obligé d'avouer
qu'elles ont aussi le caractère pénal ; cet aveu enlève,
à notre avis, beaucoup de sa valeur à cette théorie ;
ne peut on pas dire, en effet, que les peines proprement dites sont, elles aussi, des garanties données à
la société pour la mettre à l'abri de crimes trop fré-
quents ? N'ont elles pas toutes un caractère répressif
et un caractère préventif ? Il est vrai que dans celles-
ci, le caractère répressif domine, tandis que dans
celles-là le caractère préventif l'emporte ; mais est-ce
là une caractéristique suffisante, pour différencier à
ce point les peines des incapacités et permettre aux
premières le bénéfice de la grâce, pour le dénier aux
secondes ? Nous ne le pensons pas. C'est pourtant à
cette conclusion qu'arrive M. Gouraincourt (1) lorsqu'il écrit : « Il n'y a pas lieu de se laisser arrêter
davantage par cette autre objection que la privation
du moindre de nos droits constitue une véritable
peine ; c'est là le langage des gens du monde qui
entraînerait, si on voulait l'écouter, à de graves
erreurs juridiques...., les incapacités ne sont véritablement pas des peines au sens légal du mot. »

Certains auteurs font encore une distinction entre
« les incapacités résultant de condamnations infamantes, qui sont la conséquence immédiate et nécessaire de la condamnation elle-même et n'ont pas

(1) Gouraincourt, *op. cit.* 35 et 36.

besoin d'être prononcées, et celles qui s'attachent aux condamnations correctionnelles, qui doivent être formellement exprimées dans le jugement » ; les premières seraient rémissibles, les secondes ne sauraient l'être, « La base de l'objection repose comme on le voit, dit M. Gouraincourt, sur une simple difficulté de forme ; or, peut-on établir une distinction aussi importante sur un argument de cette valeur ? » nous ne le pensons pas non plus.

D'autres auteurs enfin, après avoir posé le principe que les incapacités accessoires ne sont pas remises *de plano* par la grâce pure et simple de la peine principale, reconnaissent ensuite qu'elles sont rémissibles par une clausse expresse des lettres de grâce ou par une grâce distincte. C'est à cette conclusion qu'arrivent Merlin et Blanche ; mais avec une restriction, c'est que les pouvoirs d'amnistie et de grâce appartiennent tous deux au Chef de l'Etat. « Dès que le droit de faire grâce, nous dit Merlin, renferme celui d'amnistie, il faut de toute nécessité qu'il renferme aussi le droit de faire cesser les incapacités qui résultent de la condamnation. » Blanche partage absolument la même opinion : « Si le pouvoir d'amnistie était réservé au corps législatif ; s'il n'était pas dévolu au Chef de l'Etat, je comprendrais qu'on déniât à celui-ci le pouvoir de remettre par ses lettres de grâce, autre chose que la peine principale. »

L'argument le plus sérieux, fourni à l'appui de

cette doctrine sur les incapacités, résulte des articles 619 et 634 du Code d'Instruction criminelle ; article 619 : « Tout condamné à une peine afflictive ou infamante, ou à une peine correctionnelle, qui a subi sa peine ou qui a obtenu des lettres de grâce, peut être réhabilité. » Article 634 : « La réhabilition efface la condamnation et fait cesser pour l'avenir, toutes les incapacités qui en résultaient... » Ces articles, dit-on, impliquent bien la nécessité de la réhabilitation pour effacer les incapacités résultant des condamnations ; ils sont une preuve que la grâce n'a pu les remettre. Si l'on admettait le contraire ; si la grâce avait pour résultat d'effacer les incapacités, nos deux textes n'auraient plus de sens. Comment justifier les nombreuses formalités imposées à celui qui sollicite sa réhabilitation et les multiples conditions exigées si, au moyen de la grâce, on pouvait les éluder toutes. La Cour de cassation et le conseil d'Etat ont confirmé cette doctrine (1) qui a sa base dans un avis célèbre des comités de législation des finances, de la guerre et du Conseil d'Etat en date des 8-25 janvier 1823. Nous ne pouvons mieux faire que de le rapporter.

Dans cet avis nous trouvons posées les trois questions suivantes :

(1) Arrêt de la Cour de cassation du 3o janvier 1862. Dalloz, 1862, 1, 199. Décision du Conseil d'Etat du 14 novembre 1873 ; Dalloz 1874, 3-68.

1º Les lettres de grâce pleine et entière accordées avant toute exécution du jugement de condamnation, peuvent-elles tenir lieu de réhabilitation ?

2º Les lettres de grâce accordées après l'exécution du jugement, et qui ne contiennent aucune clause relative à la réhabilitation du condamné, dispensent-elles de l'exécution des dispositions du code d'instruction criminelle relatives à la réhabilitation ?

3º Les lettres de grâce ne peuvent-elles, par une clause explicite, dispenser des formalités prescrites par le Code d'instruction criminelle pour la réhabilitation ?

A la première question les Comités réunis ont répondu :

« Considérant sur la première question, qu'en matière criminelle, nul jugement de condamnation ne peut avoir d'effet, avant l'exécution ; que lorsque la grâce a précédé l'exécution, les incapacités légales ne sont pas encourues, que, par conséquent il ne peut y avoir lieu dans ce cas, à solliciter des lettres de réhabilitation, puisque la réhabilitation n'a pour objet que de relever le condamné des incapacités légales auxquelles il avait été réellement soumis. »

Après Blanche (1) nous dirons que cette question ne peut plus se présenter depuis les révisions de la loi du 28 avril 1832. « Sous le Code pénal de 1810,

---

(1) Blanche, *Étude pratique sur le Code pénal.* L. I, chap. I.

un temps plus ou moins long s'écoulait entre le jour où la condamnation aux peines afflictives et infamantes devenaient irrévocables et celui où la peine était exécutée. Le souverain pouvait user de son droit de grâce entre ces deux jours, sans porter atteinte à ce principe de raison et de justice qui ne permet l'exercice de la grâce que pour faire remise d'une peine devenue irrévocable. » Nous savons qu'aujourd'hui, l'exécution de la peine commence du jour où elle est irrévocable ; la question ne peut donc plus se poser ; mais cela n'empêche que nous ne partageons pas l'avis des Comités réunis, en ce sens que, d'après nous, les incapacités ne sont pas subordonnées au commencement d'exécution de la peine, mais sont encourues de plein droit, dès que le jugement est devenu définitif ; à partir de ce moment la réhabilitation est donc indispensable pour que le condamné acquière à nouveau l'exercice de tous ses droits.

Sur la deuxième question, c'est-à dire, sur celle de savoir si une grâce pure et simple, postérieure au commencement d'exécution de la peine, remettait les incapacités ; les comités réunis répondirent :

« Considérant que l'article 68 de la Charte a maintenu les lois qui n'y sont pas contraires ; que la nécessité de la réhabilitation imposée par le Code d'instruction criminelle au condamné, pour qu'il soit relevé des incapacités légales encourues par l'exécution du jugement, n'a rien de contraire à l'article 87 de la Charte, qui donne aussi le droit de faire grâce ou de commuer les peines ; qu'en effet, la grâce et la réhabilitation diffèrent essentiellement, soit dans leurs principes, soit dans leurs effets ; que la grâce dérive de la clémence du roi ; la réhabilitation de sa justice ; que l'effet de la grâce n'est pas d'abolir le jugement ; mais seulement de faire cesser la peine ; qu'aux termes du Code d'instruction criminelle, le droit de réhabilitation ne commence qu'après que le condamné a subi sa peine ; que l'effet de la réhabilitation est de relever le condamné de toutes les incapacités, soit politiques, soit civiles, qu'il a encourues ; que ces incapacités sont des garanties données par la loi soit à la Société, soit au tiers, et que la grâce accordée au condamné ne peut pas plus le relever de ces incapacités que de toutes les autres dispositions du jugement qui auraient été rendues en faveur des tiers ».

Cette opinion a été confirmée par la jurisprudence ; nous ne relèverons que deux arrêts intéressants, de la Cour de Cassation ; le premier émane de la Chambre criminelle et le second de la Chambre des Requêtes.

Le nommé Jacquin accusé du crime d'homicide volontaire avait fait assigner comme témoin à décharge un individu qui, précédemment, avait été condamné à une peine afflictive et puis ensuite, gracié. Le Président des assises considéra ce témoin comme encore frappé des incapacités écrites dans l'article 28 du Code pénal et ne lui avait pas fait prêter le serment prescrit, à peine de nullité par l'article 317 du Code d'instruction criminelle et ne l'avait admis à déposer que pour donner de simples renseignements. Jacquin, déclaré coupable par le Jury et condamné par la Cour d'assises, s'est pourvu en Cassation et a soutenu que le témoin à décharge, à qui il avait été refusé de prêter serment, ayant été libéré de sa peine par les lettres de grâce qu'il avait obtenues, avait été, par cela même, relevé de toutes les incapacités que sa condamnation lui avait fait encourir et, qu'ainsi, en refusant de l'admettre à la prestation du serment, le Président de la Cour d'assises avait contrevenu à l'article 317 du Code d'instruction criminelle.

Mais, par arrêt du 6 juillet 1827 (1) la Cour a rejeté le pourvoi : « Attendu que les lettres de grâce, qui ne portent que la remise de la peine et ne contiennent pas la réintégration de l'individu gracié, dans la jouissance de ses droits civils, ne délient pas celui à qui elles sont accordées, de l'incapacité de témoigner en justice qu'a encourue cet individu par sa condamnation ».

(1) Arrêt de la Cour de cassation du 6 juillet 1827 : Sirey, 1828, 1, 633. Dalloz, 1827, 1, 442.

Voici l'arrêt de la Chambre des Requêtes qui admet les mêmes principes (1) :

« Attendu que s'il est vrai que, sous l'ancienne législation de la France, la clémence royale pouvait s'exercer par les voies de lettres de grâce, de lettres de réhabilitation, et aussi dans des cas extraordinaires, par des lettres d'abolition, il devient inutile d'examiner dans la cause actuelle, qu'elle a pu être l'étendue des pouvoirs conservés à l'autorité royale, sous l'empire des Chartes de 1814 et 1830 ; qu'en effet, il est incontestable que les lettres de grâce n'ont jamais eu d'action que du souverain au condamné, auquel, par les dites lettres, il est fait seulement remise de la peine ; tandis que les lettres de réhabilitation intéressent la Société, dans le sein de laquelle le gracié est rétabli avec la plénitude de ses droits dont il jouissait avant sa condamnation que dans l'espèce, ne s'agissant que de lettres de grâce portant, suivant que l'énonce l'arrêt attaqué, simple remise de la peine restant à courir, il demeure évident que de telles lettres de grâce n'ont pu dépasser le but qu'elles voulaient atteindre, ni réintégrer dans ses droits civils, le gracié qui avait perdu ses droits, non par l'application d'une peine, mais par voie de conséquence d'une condamnation infamante prononcée

_______________

(1) Arrêt de la Cour de cassation du 10 avril 1849 : Sirey, 1849, 1, 311 ; Dalloz, 1849, 1, 142.

contre lui et exécutée selon l'axiôme de droit : *Indul-gentiam quos liberat notat, nec infamiam criminis tollit sed pœnœ gratiam facit* (I. 3, Cod. lib. 9, titre 43)... »

Sur la dernière question, les comités réunis de législation, des finances et de la guerre, refusent au roi le pouvoir de remettre les incapacités par lettres de grâce spéciales : « Considérant que la prérogative royale ne s'étend pas jusqu'à dispenser les citoyens des obligations qui leur sont imposées en vertu des lois maintenues par la Charte, et dont ils ne pourraient relever que par la puissance législative. »

On nous excusera d'avoir rapporté de si longues citations : mais aucun document ne pouvait mieux que cet avis de 1823, nous donner une idée à peu près complète du système qui dénie à la grâce, le pouvoir de s'étendre aux incapacités.

Une opinion diamétralement opposée veut que la grâce s'applique aux incapacités, aussi bien qu'aux autres peines ; Pradier-Fodéré (1) et M. Gobron l'ont soutenue dans leurs ouvrages ; à leur avis, les incapacités ne sont pas autre chose que des peines ; il n'y a donc aucune raison de leur refuser le bénéfice de la grâce, d'autant moins que la Constitution de 1895 reconnaît l'existence de ce droit dans toute sa plénitude. A ce premier argument, nous pourrions ob-

---

(1) Pradier-Fodéré. *Précis de droit administratif*, 7ᵉ Edit. p. 455.

jecter que notre Constitution ne fait qu'indiquer le pouvoir qui graciera, mais qu'elle n'organise pas ce droit.

Ils s'efforcent ensuite de concilier la grâce et la réhabilitation, de démontrer que celle-ci a toujours sa raison d'être, même dans les cas ou les incapacités auraient déjà été remises par voie de grâce. « La grâce remet en fait la peine, seule, la réhabilitation la remet en droit, nous dit M. Gobron... Que les incapacités aient ou non été remises en fait par mesure gracieuse, la flétrissure morale qui résulte de la condamnation continuera toujours de subsister jusqu'à ce que la réhabilitation l'efface ; il est donc vrai de dire que cette dernière mesure est toujours nécessaire pour compléter l'œuvre imparfaite de la grâce. »

Nous croyons devoir admettre les deux points essentiels de ce second système ; à notre avis, les incapacités sont des peines et la grâce ne saurait faire double emploi avec la réhabilitation.

Avant la loi du 14 août 1885, on discutait pour savoir si la réhabilitation pouvait être demandée pour toutes les peines, même pour celles n'entraînant pas d'incapacités et si elle pouvait efficacement intervenir, lorsque les incapacités ou les peines avaient été remises par voie gracieuse ; la négative s'appuyait sur l'ancien article 634, Code instruction criminelle qui assignait comme but à la réhabilitation, celui

de faire cesser les incapacités ; elle devenait donc
sans objet dès que ces incapacités n'existaient pas ou
avaient disparu par une cause quelconque. Depuis
la révision de 1885 le nouvel article 634 spécifie bien
que la réhabilitation efface la condamnation et fait
cesser, par voie de conséquence, toutes les incapacités encourues (1) ; il n'est donc pas douteux qu'aujourd'hui la réhabilitation peut toujours utilement
intervenir, même après une grâce : Celle-ci ne saurait rendre inutile celle-là, puisqu'elles ont toutes
deux leur raison d'être distincte et poursuivent un but
absolument différent.

Nous nous sommes expliqués plus haut, sur le
point de savoir pourquoi nous reconnaissons aux
incapacités le caractère de peines, nous n'y reviendrons pas.

Quoique nous paraissions adopter le système soutenu par M. Gobron, la conclusion à laquelle nous
allons arriver sera bien différente de la sienne et se
rapprochera sensiblement de celle de M. Gouraincourt.

Les incapacités sont des peines ; la grâce n'empêche pas la réhabilitation ; ce sont là deux faits acquis, mais ils ne suffisent pas pour conclure et pour
décider que les incapacités peuvent être remises par

(1) Cass. 29 avril 1865 ; Voir le rapport Gomot, chamb. des Députés,
*Journal du Palais* 1885, *Lois*, p. 1405.

voie de grâce. Il ne faut pas oublier que nous avons toujours posé comme principe que seules, les peines susceptibles de modification dans leur exécution matérielle, étaient, à l'exclusion des autres, rémissibles par voie de grâce ; les incapacités ont-elles ce caractère ? c'est ce que nous allons voir.

Les incapacités, qu'elles soient principales, accessoires ou complémentaires consistent dans une diminution de capacité encourue à titre de peine. Cette diminution de capacité n'exige aucune exécution matérielle pour atteindre le condamné ; celui-ci est privé de certains droits par le fait même du jugement et, cette privation est irrévocable, dès que le jugement est devenu définitif. Le législateur nous le dit expressément, dans l'article 28 du Code pénal au sujet de la dégradation civique «... La dégradation civique sera encourue du jour où la condamnation sera devenue irrévocable, et, en cas de condamnation par contumace, du jour de l'exécution par effigie. »

Etendant cette règle, nous dirons que les incapacités opèrent de plein droit une diminution de capacité du jour où la condamnation est devenue irrévocable. La grâce, nous le savons, ne peut intervenir avant ce moment ; après il est trop tard, puisque l'exécution, qui consiste dans une diminution de droits, est complète à l'instant même où la condamnation devient définitive ; nous pouvons donc conclure qu'en principe, et sauf exceptions, les incapacités sont irrémissibles par voie de grâce, car on ne voit pas le moment où la grâce pourrait intervenir efficacement.

Il ne faut pas confondre l'exécution de la peine avec les effets de cette exécution ; ainsi, en cas de dégradation civique, la radiation des listes électorales ou des cadres de la Légion d'Honneur, la destitution de la tutelle, sont des effets de l'exécution. Nous pourrions multiplier ces exemples en envisageant les unes après les autres, les diverses peines privatives de droits et nous arriverions toujours à cette même conclusion, que les actes interdits au condamné sont, dans tous les cas, une conséquence de l'incapacité ; ils supposent donc nécessairement, l'existence de cette incapacité et, par là même, son exécution qui est indivisible.

Après avoir posé le principe, nous allons maintenant énumérer les exceptions que consacrent les textes, et qui sont autant de dérogations à la règle juridique, que les incapacités sont irrémissibles par voie de grâce. La première peine privative de droits qui va nous occuper sera l'interdiction légale.

### Interdiction légale.

L'interdiction légale, peine toujours accessoire, fait exception à la règle, non pas en vertu d'un texte, mais à cause de son caractère distinctif. En thèse générale, les incapacités accessoires sont attachées à la condamnation elle-même ; mais l'interdiction légale se rattache à *l'exécution de la condamnation principale*. Cette particularité résulte clairement des articles 29 et 30 du Code pénal : « Quiconque aura été condamné à la peine des travaux forcés à temps, de la détention ou de la réclusion, sera, de plus, *pendant la durée de sa peine* en état d interdiction légale... ». « Les biens du condamné lui seront remis *après qu'il aura subi sa peine...* » Ces deux textes, qui indiquent le commencement et la fin de l'interdiction légale, en font l'accessoire de l'exécution matérielle de la peine principale ; aussi, appliquant ici la règle *accessorium sequitur principale*, dirons-nous que l'interdiction légale est subordonnée à l'exécution de la peine principale, et doit disparaître en même temps que celle-ci et par les mêmes causes, par la grâce, par exemple, qui, en mettant fin à l'exécution de la peine principale, fait cesser également l'interdiction légale. C'est bien l'opinion de MM. Aubry et Rau (1) ; ils s'expriment ainsi : « Cette interdiction, qui est un

---

(1) Aubry et Rau, t. I, p. 353.

effet virtuel de la condamnation, cesse de plein droit, du moment où le condamné s'est trouvé légalement dégagé de la peine, soit par son accomplissement, soit par l'amnistie ou la *grâce*, soit par la prescription. »

Notons que si l'interdiction légale peut de la sorte être remise indirectement, elle ne saurait jamais l'être par des lettres spéciales et indépendamment de la peine principale ; envisagée séparément, elle ressemble aux autres incapacités et possède les mêmes caractères : elle est encourue de plein droit et s'exécute *ipso facto*, par une diminution de capacité ; la grâce ne peut donc pas intervenir d'une façon efficace. La jurisprudence de la Chancellerie s'est toujours prononcée en ce sens.

### Interdiction de séjour.

L'interdiction de séjour consiste dans la faculté d'interdire au libéré le séjour dans certaines localités. Pour employer les termes de l'article 19 de la loi du 27 mai 1885, nous dirons encore qu'elle est la défense faite au condamné, de paraître dans les lieux dont l'interdiction lui sera signifiée par le Gouvernement, avant sa libération.

Cet article 19 est très instructif ; il nous apprend, en effet, que la peine de la surveillance de la haute police est supprimée et qu'elle est remplacée par l'in-

terdiction de séjour, pour qui restent applicables
« les dispositions antérieures qui réglaient l'application ou la durée, ainsi que la remise ou la suppression de la surveillance de la haute police. » En d'autres termes, l'interdiction de séjour n'est pas autre
chose que l'ancienne surveillance de la haute police,
modifiée et simplifiée ; aussi les difficultés soulevées
autrefois pour cette peine, se présentent-elles encore
aujourd'hui pour l'interdiction de séjour, car elles
n'ont point été aplanies par le législateur de 1885 (1).

A la différence de l'interdiction légale, l'incapacité
qui nous occupe en ce moment ne s'attache pas à
l'exécution de la peine principale ; bien au contraire,
elle doit survivre à cette exécution puisque elle
frappe des condamnés qui ont subi leur peine ; ce
point résulte de l'article 46, § 4, du Code pénal :
« Tout condamné à des peines perpétuelles, qui ob-
tiendra commutation ou remise de la peine sera, s'il
n'en est autrement disposé par la décision gracieuse,
de plein droit, sous la surveillance de la haute police
pendant vingt ans. » L'interdiction de séjour ne
saurait donc disparaître en même temps que la peine
principale et par voie de conséquence, pas plus
qu'elle ne peut, en principe, être remise directement
par mesure gracieuse ; aussi a-t-il fallu un texte for-

_______

(1) Voir *loi* 23 janvier 1874, réformant l'art. 44 du C. pénal, Décret
3o août 1875. *Cir. min.* 5 novembre 1875.

mel pour lui appliquer cette cause d'extinction, c'est l'article 48 du Code pénal, modifié par la loi du 23 janvier 1874, qui décide que « la surveillance (lisez : l'interdiction de séjour) pourra être remise ou réduite par voie de grâce ».

Le rapport de M. Voisin à l'Assemblée nationale sur la loi du 30 janvier 1874 montre bien que l'application de la grâce à la surveillance de la haute police était une dérogation expresse au principe que les incapacités sont irrémissibles. « Il y a, nous dit M. Voisin, une innovation importante, car la Chancellerie a toujours pensé jusqu'ici que la surveillance prononcée par la loi elle-même ne pouvait être remise par voie de grâce ; la grâce n'efface, en effet, que les peines et la surveillance a toujours été considérée comme une mesure frappant seulement la capacité du condamné... »

**Résidence obligée dans la colonie imposée aux condamnés aux travaux forcés à temps.**

Cette obligation imposée aux condamnés aux travaux forcés à temps, résulte de l'article 6 de la loi du 30 mai 1854 : « Tout individu condamné à moins de huit années de travaux forcés sera tenu, à l'expiration de la peine, de résider dans la colonie pendant un temps égal à la durée de sa condamnation. Si la peine est de huit années, il sera tenu d'y résider pendant toute sa vie… En cas de grâce, *le libéré* ne pourra, en aucun cas, être dispensé de l'obligation de la résidence, que par une disposition spéciale des lettres de grâce. »

Ces derniers mots « en cas de grâce, le libéré ne pourra être dispensé de l'obligation de la résidence que par une disposition spéciale des lettres de grâce » ont été successivement interprétés de deux façons différentes par la Chancellerie. S'en tenant à la lettre du texte, elle décida d'abord que le condamné ne pouvait être dispensé de la résidence, que par une clause expresse accordant remise des travaux forcés et jamais après sa libération par une mesure gracieuse spéciale ; car, autrement, le mot *libéré*, n'avait plus de sens. Cette décision était très rigoureuse et n'était basée sur aucun principe rationnel, sinon sur l'adage célèbre : *exceptio est stirctissimæ interpretationis* ; aussi la Chancellerie est-elle revenue sur sa jurisprudence première et décide-t-elle aujourd'hui, que le condamné aux travaux forcés à temps peut, non seulement voir son obligation à la résidence remise par une disposition spéciale des lettres de grâce, mais encore par une grâce postérieure à sa libération. Cette interprétation est plus équitable, et si elle s'éloigne un peu de la lettre du texte, elle est assurément plus conforme à son esprit, car il n'y a pas de raison pour refuser après la libération du condamné, une faveur qu'on pouvait lui accorder avant ; qui peut le plus, peut le moins.

En résumé, l'interdiction légale, l'interdiction de séjour et la résidence obligée, sont, à notre avis, les trois seules peines privatives de droits, susceptibles d'être remises par voie de grâce : pour la première, cela tient à ce qu'elle est attachée à l'exécution d'une peine principale et pour les deux autres cela résulte d'exceptions écrites dans la loi : quant aux autres incapacités, à la dégradation civique, à la double incapacité de disposer et de recevoir à titre gratuit et aux diverses incapacités spéciales, telles que celles contenues dans l'art 283, qui permet de reprocher comme témoin, tout condamné à une peine correctionnelle pour vol, dans l'article 26 de la loi du 15 mars 1850 qui enlève le droit de diriger une école publique ou libre à celui qui a commis un crime ou un délit contraire aux bonnes mœurs, ou encore dans la loi électorale du 7 juillet 1874 et dans les cas prévus par le Code pénal dans les articles 42, 109, 112, 113, 123, 185, 197, 375, 388, 401, 405 et 406, nous déciderons que la grâce ne saurait jamais les atteindre.

La jurisprudence, à part quelques décisions contraires et que nous ne pouvons approuver, a généralement confirmé cette manière de voir ; nous pourrions citer, à titre d'exemples, les arrêts de la Cour de cassations des 26 janvier 1862 dans l'affaire Peretti (D. P. 62, 1, 199) et 4 août 1886 et les avis du Conseil d'Etat du 14 novembre 1873, affaire Lacroix

(D. P. 74. 3. 68) et du 31 mars 1882, affaire Guichand (D. P. 83. 3. 70).

Quand nous disons que les incapacités, à part les trois exceptions que nous avons relevées, ne sont pas rémissibles par voie de grâce, nous omettons sciemment la remise des peines accessoires au profit des condamnés transportés dans une colonie. Ces remises plus ou moins larges des peines privatives de droits sont accordées tantôt de plein droit, tantôt par faveurs administratives, aux seuls condamnés transportés, et les droits restitués ne peuvent être exercés que dans la colonie. Cette double limitation prouve, à elle seule, que nous ne sommes plus sur le terrain de la grâce proprement dite. Comme exemples de remises de la catégorie qui nous occupe, nous citerons l'article 13 § 4 de la loi du 25 mars 1873, qui, dans un but de colonisation, accorde de plein droit aux déportés, remise de l'incapacité de disposer et de recevoir à titre gratuit, mais seulement en faveur de leurs conjoints qui sont venus habiter avec eux dans la colonie pénale, et les lois du 30 mai 1854, sur l'exécution des travaux forcés, du 31 mai de la même année, portant abolition de la mort civile et du 27 mai 1885, sur les récidivistes, qui, dans certains cas, permettent au Gouvernement de faire remise plus ou moins complète aux transportés, de l'interdiction légale, de la dégradation civique et des autres incapacités encourues.

Ces mesures ne sauraient, à nos yeux, constituer des applications de la grâce proprement dite, aussi, dirons-nous, après Blanche (1) que « les remises partielles de certaines incapacités ne doivent pas être confondues, ni avec l'amnistie, ni avec la grâce ; elles n'en ont ni le caractère ni l'étendue, elles ne sont qu'une sorte de mesure administrative que le gouvernement peut modifier et même rapporter, si le condamné se montre indigne de la faveur dont il a été l'objet. »

Pour terminer l'étude des peines envisagées, au point de vue de la grâce, il nous reste à résoudre une question très controversée qui est celle de savoir, si les peines disciplinaires sont, ou non, rémissibles par voie gracieuse.

### § 3. — *Peines disciplinaires.*

Les peines disciplinaires sont infligées pour des infractions à la discipline professionnelle. Le fait de remplir certaines fonctions ou d'occuper certaines situations, implique des devoirs spéciaux, des obligations professionnelles qui, en cas de manquements, entraînent des peines disciplinaires. Ces peines, par leur nature même, ne peuvent donc frapper que les personnes faisant partie de grandes com-

_____
(1) Blanche, Liv. I, chap. i, p. 222.

pagnies ou corporations; nous citerons, à titre d'exemples, les magistrats, avocats, officiers ministériels; les membres de l'Enseignement public ou privé, les étudiants de l'enseignement supérieur, les membres de l'Ordre de la Légion d'Honneur, etc.

Il résulte de la loi du 30 août 1883, sur la réforme de l'organisation de la magistrature, article 17, que le Garde des Sceaux a, sur les magistrats de toutes les juridictions civiles et commerciales, un droit de surveillance. Il peut leur adresser une réprimande; cette réprimande est notifiée au magistrat qui en est l'objet, par le premier président, pour les présidents de Chambre, conseillers, présidents, juges et juges suppléants; par le Procureur Général pour les officiers du ministère public.

Quand il s'agit de manquements plus graves, il faut distinguer les officiers du ministère public des autres magistrats; pour les premiers l'amovibilité a paru être une garantie suffisante contre les fautes qu'ils pourraient commettre, mais pour les seconds, a été institué le Conseil supérieur de la magistrature (1):

- Les peines disciplinaires, qui peuvent être prononcées contre les magistrats, sont l'avertissement, la censure, la censure avec réprimande, la suspension temporaire et la suspension définitive.

(1) Articles 13 et 14, loi du 30 août 1883.

Les peines disciplinaires établies contre les avocats résultent de l'article 18 de l'ordonnance du 22 novembre 1822 ; ce sont l'avertissement, la réprimande, l'interdiction temporaire, qui ne peut excéder le terme d'une année, et la radiation du tableau. L'application de ces mesures de discipline rentre dans les attributions du Conseil de l'ordre (article 12). Dans le cas d'interdiction à temps ou de radiation, l'avocat condamné peut interjeter appel devant la Cour du ressort, les cours statuent sur l'appel en assemblée générale et dans la Chambre du conseil.

Les art. 102 et 103 du décret du 30 mars 1808 règlementent les peines disciplinaires dont peuvent être passibles les officiers ministériels, avocats à la Cour de cassation, avoués, huissiers et commissairespriseurs. « Les officiers ministériels, qui seront en contravention aux lois et règlements, pourront, suivant la gravité des circonstances, être punis par des injonctions d'être plus exacts ou circonspects, par des défenses de récidives, par des condamnations de dépens en leur nom personnel, par des suspensions à temps ; l'impression et même l'affiche des jugements à leurs frais pourront aussi être ordonnées et leur destitution pourra être provoquée s'il y a lieu. » Chaque Chambre des cours et des tribunaux connaît des fautes disciplinaires commises ou découvertes à son audience, les mesures de discipline à prendre sur les plaintes des particuliers ou sur les réquisitoires du ministère public, pour cause de faits qui ne se sont point passés ou qui n'ont pas été découverts à l'audience, sont arrêtées en assemblée générale à la Chambre du conseil. Ces mesures ne sont pas sujettes à l'appel ni au recours en cassation, sauf les cas où la suspension serait l'effet d'une condamnation prononcée en jugement. Toutes les décisions doivent de plus être soumises à l'approbation du Ministre de la justice, qui statue administrativement et ratifie, atténue ou aggrave la peine ; il peut même, s'il y a lieu, prononcer la destitution.

Les notaires, en matière de discipline, sont régis par la loi du 25 ventôse an XI et l'ordonnance du 4 janvier 1843. Les notaires ne sont pas des officiers ministériels, le décret du 30 mars 1808 ne leur est donc pas applicable (décision ministérielle du 7 juin 1883. Cass. 10 mai 1864). Les peines disciplinaires les moins graves, telles que le rapport à l'ordre, la censure simple par la décision même, la censure avec réprimande par le président aux notaires en personne dans la Chambre assemblée ; la privation de voix délibérative dans l'assemblée générale et l'interdiction temporaire de l'entrée de la Chambre, sont prononcées par la Chambre de discipline. Si l'inculpation paraît assez grave pour mériter la suspension ou la destitution du notaire inculpé, la Chambre doit s'adjoindre, par la voix du sort, un certain nombre d'autres notaires, pour émettre son avis à la majorité absolue des voix : si la Chambre, ainsi composée, est d'avis de provoquer la suspension ou la destitution, une expédition du procès-verbal de sa délibération est déposée au greffe du tribunal et une autre est remise au Procureur de la République et c'est le tribunal civil, jugeant en audience publique, qui décide s'il y a lieu de punir le notaire fautif. Ce jugement est sujet à l'appel et au pourvoi en cassation.

Les membres de l'enseignement public ou privé et les étudiants de l'enseignement supérieur, peuvent aussi être l'objet de mesures disciplinaires. Pour le personnel de l'enseignement primaire public, ces peines consistent dans la réprimande prononcée par l'inspecteur d'Académie, la censure prononcée aussi par l'inspecteur d'Académie mais après avis motivé du Conseil départemental ; la révocation prononcée par le Préfet sur la proposition de l'inspecteur d'Académie, après avis motivé du Conseil départemental et avec appel devant le Ministre ; et enfin l'interdiction à temps et l'interdiction absolue, qui sont prononcées par jugement du Conseil départemental, avec appel devant le Conseil supérieur de l'instruction publique (articles 30, 31 et 32 de la loi du 30 octobre).

Le Ministre prononce disciplinairement contre le personnel de l'instruction secondaire et les professeurs de l'enseignement supérieur, suivant la gravité des cas, la réprimande devant le Conseil académique, la censure devant le Conseil supérieur, la mutation pour un emploi inférieur, mais rien que contre les membres de l'enseignement secondaire ; la suspension des fonctions pour une année au plus, avec ou sans privation totale ou partielle du traitement : le retrait d'emploi, après avoir pris l'avis du Conseil supérieur ou de la section permanente (art. 76, loi du 15 mars 1850).

La loi du 27 février 1880 s'occupe de l'organisation du Conseil supérieur de l'instruction publique et des Conseils académiques, et celle du 10 juillet 1896 institue les Conseils de l'université dont les attributions et la procédure ont été réglées par décrets du 21 juillet 1897 (1).

Les étudiants de l'enseignement supérieur sont, eux aussi, passibles de peines disciplinaires pour manque de respect, actes d'insubordination envers un membre de la faculté ou école et pour faits délictueux et désordres graves, dont ils se rendraient coupables en dehors de l'école ; ces faits relèvent toujours de la compétence du Conseil de l'université (2). Les jugements des Conseils peuvent être attaqués par la voie de l'appel à minima devant le Conseil supérieur de l'instruction publique (art. 23 du décret du 21 juillet 1897).

---

(1) *Journal officiel* du 25 juillet 1897, pp. 4252 et s.

(2) Voir art. 33 du décret du 21 juillet 1897. — *Journal officiel* du 25 juillet 1897.

La nomenclature que nous venons de donner des peines disciplinaires est loin d'être complète, mais elle suffit à nous donner une idée de ces peines ; nous pouvons les diviser en deux classes : celles qui sont prononcées par un Ministre, au moyen d'un arrêté, et celles qui émanent de jugements rendus par les Chambres de discipline, les conseils spéciaux ou même les tribunaux. Les peines de la première catégorie, tout le monde le reconnaît, ne sauraient être rémissibles, par voie de grâce ; prononcées par un Ministre, celui-ci, seul, a le droit de les remettre ; ce point n'est pas douteux et ne présente aucune difficulté. Les peines de la deuxième catégorie se subdivisent, à leur tour, en deux classes : il en est dont l'application n'est pas non plus susceptible de remise, car, elles consistent dans le seul fait de leur prononciation ; leur effet est uniquement moral, elles sont donc irrévocables par nature : telles sont le blâme, le rappel à l'ordre, l'avertissement et la réprimande, pour qui la grâce ne peut en aucune façon intervenir efficacement. Restent enfin les dernières peines disciplinaires qui ont des conséquences matérielles, qui frappent ceux qui en sont l'objet, non seulement dans leur dignité ; mais encore dans leurs intérêts, comme la suppression de traitement ou la destitution. La question de savoir si la grâce leur est applicable est très controversée.

Nous pouvons relever trois systèmes principaux :

le premier ne reconnaît jamais le caractère de peines
aux mesures disciplinaires et leur refuse, dans tous
les cas, le bénéfice de la grâce ; le second, que nous
appellerons mixte, fait une distinction entre les mesures disciplinaires qui émanent des Chambres de
discipline ou des tribunaux en Chambre du conseil et
celles qui sont prononcées par ceux-ci, en audience
publique ; ces dernières seraient seules rémissibles ;
enfin un troisième système, l'opposé du premier, as-
simile complètement les peines_ disciplinaires aux
peines proprement dites.

Le premier système est soutenu par M. Gouraincourt dans son intéressant ouvrage sur le droit de
grâce, sous la République (1) ; il arrive à cette conclusion que « les peines disciplinaires sans exception
échappent à l'application du droit de grâce, si étendu
qu'on le suppose ». Les peines disciplinaires, à son
avis, ne sont pas des peines au sens légal du mot ;
mais des châtiments *sui generis*, édictés par une sorte
de conseil de famille, composé des pairs ou des chefs
hiérarchiques du coupable d'après la règle, les usages,
les habitudes d'une corporation ; de plus, ces conseils statuent à huis clos, ce qui est une exception au
grand principe de la publicité des jugements et de
leur exemplarité. Ces peines ne constituent pas une
violation des règles sociales ; elles ne sont pas sus-

(1) M. Gouraincourt, *op. cit.* pp. 51, 52, 53, 54.

ceptibles d'être appliquées à tous les citoyens ; elles répugnent à l'idée d'égalité qui caractérise la peine proprement dite. Il y aurait enfin une distinction entre le déshonneur qui rejaillit sur l'individu frappé d'une peine disciplinaire et le déshonneur qui résulte d'une infraction aux lois pénales ; le premier affecte le condamné dans son honorabilité professionnelle, l'autre dans son honneur de citoyen. « En un mot, la peine proprement dite est une mesure coërcitive qui prend sa source et puise sa raison d'être dans l'ordre social qu'elle doit garantir ; la peine disciplinaire n'est qu'une mesure de précaution prise par une catégorie d'individus organisés, avec l'agrément de la nation, en corporation pour protéger cette corporation elle-même. »

Ce système a pour mérite d'être logique avec lui-même : partant de ce principe que les mesures disciplinaires n'ont pas le caractère de peines, il leur refuse à toutes la possibilité d'être remises par voie de grâce. Cette logique est une qualité que nous ne retrouverons pas dans le second système que nous qualifions de mixte et qui est celui suivi par la jurisprudence et la Chancellerie.

La jurisprudence semble d'abord se rallier au premier système ; nous lisons en effet, dans une décision ministérielle du 12 avril 1839, la phrase suivante : « Les mesures disciplinaires n'étant pas considérées comme des peines, il ne saurait y avoir lieu dans l'espèce à l'application du droit de grâce », et dans un arrêt de la Cour de cassation du 9 novembre 1852 « les mesures disciplinaires ne sont pas de véritables peines, elles s'attachent moins aux faits eux-mêmes qu'aux conséquences de ces faits, sur la considération du fonctionnaire et sur la dignité du corps dont il est membre ».

Une pratique aussi radicale fut, par certains, taxée d'injustice ; les instituteurs qui étaient exposés à se voir frapper d'interdiction, en vertu de l'article 30 de la loi du 15 mars 1850, furent des premiers à se déclarer lésés par cette jurisprudence et demandèrent à pouvoir bénéficier du droit de grâce. En 1857, le conseil supérieur de l'Instruction publique, dont faisaient parti des jurisconsultes illustres, tels que Troplong, de Roger, Boulay de la Meurthe et Portalis, consulté à ce sujet, émit l'avis suivant, qu'on nous permettra de transcrire ; il est intéressant car il prouve, par les distinctions qu'il contient et qui se contrarient, que ceux qui le rédigèrent n'étaient pas bien convaincus de la justesse du principe qu'ils posaient. Cet avis est ainsi conçu : « Considérant que le droit de faire grâce est une prérogative essentielle de la souveraineté et que la Constitution impériale qui le proclame ne lui assigne aucune limite.

« Considérant qu'il faut toutefois, pour la solution de la question, distinguer entre l'interdiction restreinte à une commune et l'interdiction absolue.

« Considérant, en effet, qu'il est d'usage et de jurisprudence que le droit de grâce n'intervienne pas à
l'égard des mesures purement disciplinaires, telles
que la censure, la réprimande et la suspension temporaire.

« Considérant que des motifs analogues semblent
devoir en écarter également l'intervention, lorsqu'il
s'agit d'un instituteur auquel l'exercice de sa profession n'a été interdit que dans la commune qui a été
témoin de sa faute et de sa punition.

Est d'avis : 1° que la peine de l'interdiction absolue
prononcée par les Conseils départementaux et le
Conseil impérial de l'Instruction publique, dans les
cas prévus par les articles 30, 33 et 68 de la loi du
15 mars 1850, modifiés par la loi du 14 juin 1854,
peut être remise ou commuée par l'Empereur en
vertu du droit de grâce... »

Nous disions, il n'y a qu'un moment, que cet
avis du Conseil de l'Instruction publique contenait
des distinctions qui se contrariaient mutuellement.
Comment admettre, en effet, qu'après avoir dit, ce
qui est exact encore aujourd'hui, que le droit de
grâce est reconnu par la loi sans limite et dans toute
son étendue, comment admettre la distinction proposée entre l'interdiction relative et l'interdiction
absolue? Si la grâce peut s'appliquer à l'une, pourquoi ne s'étendrait-elle pas à l'autre? Est-ce qu'une
même peine change de caractère avec son impor-

tance et sa quotité? L'emprisonnement n'est-il pas toujours de l'emprisonnement, que sa durée soit d'un an ou d'un jour? Puis sur quoi repose la classification ou peines purement disciplinaires et peines qui ne sont pas purement disciplinaires? Pourquoi, enfin, la suspension temporaire serait-elle du nombre des premières et déclarée irrémissible? Ne diffère-t-elle pas profondément dans ses effets de la réprimande ou de la censure? A toutes ces questions nous ne trouvons pas de réponse satisfaisante; le Conseil de l'Instruction publique n'a évidemment considéré qu'une chose, l'importance et la gravité des peines disciplinaires, et a manifesté le désir que la plus préjudiciable aux Instituteurs put bénéficier d'une mesure gracieuse. Ce vœu est louable, nous en convenons, et pourrait être sanctionné par une disposition législative; mais ainsi formulé, il ne repose sur aucun principe juridique.

Cet avis, malgré son peu de valeur au point de vue doctrinal, n'en pesa pas moins beaucoup sur les décisions de la Chancellerie, qui, de 1879 à 1883, admit au bénéfice de la grâce un certain nombre d'instituteurs frappés d'interdiction absolue; mais, bientôt, se produisit une réaction et les recours en grâce de cette catégorie se virent tous refusés, au grand mécontentement des membres de l'Instruction publique; parmi les plus ardents défenseurs de la légitimité du droit de grâce en matière de peines disciplinaires, nous devons citer M. Du Mesnil qui, en 1897, vient encore d'écrire une brochure très intéressante à ce sujet.

Le Conseil d'Etat devait enfin être saisi de cette question ; il répondit le 4 août 1892 par l'avis suivant dont nous reproduisons les considérants :

« Considérant que la grâce est la rémission des peines établies par la loi et prononcées par les tribunaux chargés d'appliquer ces peines ;

Considérant que les mesures disciplinaires édictées par la répression des fautes professionnelles, à raison de leur nature et de leur objet, ne constituent pas des peines, et que les décisions qui interviennent en cette matière ne sont pas de véritables jugements : qu'ainsi elles ne sont pas susceptibles d'être remises par l'exercice du droit de grâce ;

Que, notamment, l'interdiction temporaire ou absolue du droit d'enseigner constitue, en même temps qu'une peine disciplinaire, une incapacité que les lois sur l'instruction publique ont établie comme une garantie spéciale donnée à la société contre ceux qui ont gravement manqué à leurs devoirs professionnels ; *que la grâce n'est pas de nature à faire disparaître les effets d'une pareille incapacité;*

Considérant, toutefois, qu'il est contraire à l'équité aussi bien qu'à l'esprit général des réformes récemment introduites dans l'ensemble de la législation, de ne fournir aucun moyen de se faire réintégrer dans les droits dont ils ont été privés, à ceux qui n'ont été frappés que par la rigueur de la discipline ;

Que spécialement, en matière d'enseignement, il paraît légitime de remédier aux graves inconvénients résultant de cette situation, au moyen d'une loi qui attribuerait au Conseil supérieur de l'instruction publique l'examen et le jugement des demandes en relèvement des incapacités particulières résultant des condamnations disciplinaires.

Est d'avis :

De répondre au Ministre de l'instruction publique dans le sens des observations qui précèdent. »

Cet avis du Conseil d'Etat affirme d'une manière catégorique que les mesures disciplinaires ne sont pas des peines proprement dites ; c'est donc la condamnation implicite de la pratique suivie par la Chancellerie qui admet les recours en grâce formés pour les peines disciplinaires lorsqu'elles sont prononcées par les tribunaux jugeant en audience publique. Nous ne voyons pas en quoi le fait d'être prononcée par un tribunal, en audience publique, peut modifier le caractère de la mesure disciplinaire et permettre à la grâce de s'y appliquer ; nous ne pouvons admettre une telle exception qui n'est reconnue par aucun texte de loi et qui ne repose sur aucun principe juridique. La Chancellerie a évidemment voulu, par ce moyen, remédier à l'irrévocabilité de certaines peines disciplinaires ; mais elle n'a atteint ce résultat qu'en méconnaissant les règles fondamentales du droit de grâce.

Le dernier système, dont nous ayons à parler, voit dans les mesures disciplinaires de véritables peines rémissibles par voie gracieuse ; il a d'assez nombreux partisans ; dès 1839, Rolland de Villargues (1) écrit les lignes suivantes : « Il semble que par cela seul que la condamnation disciplinaire peut avoir un caractère grave et affecter d'une manière sensible la position du condamné, l'exercice de la grâce est nécessaire. ». Et plus récemment, M. Aucoc (2) disait : « On peut trouver quelques difficultés à admettre que les mesures disciplinaires qui enlèvent à un membre de la Légion d'Honneur une récompense d'un si haut prix, ne soient pas de véritables peines. » M. Gobron (3) qui partage cette opinion arrive à cette conclusion. « Si nous admettons que les mesures disciplinaires sont des peines, la grâce pourra s'y appliquer, puisqu'elle est applicable à toutes les peines. »

Nous admettons le point de départ de ce système, mais nous en rejetons la conclusion. A notre avis, les mesures disciplinaires sont réellement des peines; elles servent de sanction aux infractions commises

---

(1) Sirey, t. XXXIX, 2.400 ; *Journal des avoués*, t. LVII, p. 414.

(2) M. Aucoc, *Compte rendu des travaux de l'Académie des Sciences morales et politiques*, 11ᵉ livraison, novembre 1890, p. 130.

(3) M. Gobron, *op. cit. p. 127.*

par certains magistrats, fonctionnaires ou officiers
ministériels, dans l'exercice de leurs fonctions ; elles
sont des garanties données, non pas seulement, à la
corporation, mais, aussi à la Société , car elles ont
pour but d'assurer la marche régulière des affaires et
le bon fonctionnement des services qui intéressent
l'État. De plus, elles affectent ceux qui en sont l'objet, toujours dans leur honneur et souvent dans leurs
intérêts ; elles ont bien le caractère répressif et préventif des peines. Ces décisions sont des châtiments
domestiques, c'est vrai, mais elles n'en sont pas
moins des actes émanés d'une juridiction légalement
instituée (1). Les chambres de discipline et les divers
conseils spéciaux, n'ont plus, comme du temps des
anciennes corporations, toute latitude dans l'application des mesures disciplinaires : leurs pouvoirs
sont réglés par les lois, leur compétence limitée et
les mesures, qu'ils peuvent prendre, indiquées et
énumérées à l'avance, aussi sommes-nous autorisés
à assimiler leurs décisions à de véritables jugements.
Nous savons déjà que pour être rémissibles par voie
de grâce, la peine ne doit pas nécessairement éma-
ner d'un tribunal répressif ; nous avons eu l'occasion
de le constater, lorsque nous nous occupions de
l'amende ; ce qu'il faut envisager, ce sont les caractères intrinsèques de la peine qui sont indépendants
de la juridiction qui statue.

(1) Arrêt de la Cour de cass. du 9 avril 1862 (D. 62.1.323).

Nous ne croyons pas, non plus, comme l'a prétendu un auteur, qu'il soit indigne de la haute situation du Président de la République, d'intervenir dans les difficultés de la vie professionnelle de certains individus : personne ne trouve à redire lorsque le chef de l'Etat s'occupe d'un recours formé, par exemple, par un cocher maraudeur, condamné à un franc d'amende pour avoir racolé les passants, par gestes ou paroles et avoir ainsi gêné la circulation des boulevards, et puis on prétendra qu'il décherrait dès qu'il aurait à envisager la situation d'un magistrat suspendu de ses fonctions, ou d'un instituteur frappé d'interdiction ! De tels arguments ne tiennent pas debout. Nous l'avons déjà dit, et nous le répétons, l'importance de la peine n'est pas à considérer pour décider si la grâce est ou non applicable : seuls les principes doivent guider dans cette appréciation.

Nous nous séparons nettement de l'opinion émise par M. Gobron qui admet que, « le droit de grâce peut servir à remettre toutes les conséquences des jugements, ayant un caractère pénal définitif ». Nous avons toujours posé comme règle immuable que seules, étaient rémissibles, les peines dont l'exécution était susceptible de modifications.

Les peines disciplinaires ont, à notre avis, un caractère pénal, nous l'avons démontré ; il s'agit de savoir maintenant si leur exécution est susceptible de modifications? nous ne le pensons pas. En effet, en quoi consistent-elles?

Les unes, les moins graves, consistent en une réprimande ou un blâme encouru par le seul fait de la condamnation et qui n'est autre chose que la condamnation elle-même. Ces peines ne peuvent donc disparaître qu'avec cette condamnation avec laquelle elles se confondent et ne font qu'un. La grâce, ceci est certain, n'efface pas la condamnation; elle n'a donc ici aucun objet et ne peut intervenir efficacement.

Les autres peines, plus graves que les premières, telles que la suspension, l'interdiction relative ou absolue, la destitution, ne sont à proprement parler que des peines privatives de droits : l'instituteur frappé d'interdiction, perd le droit d'enseigner dans une commune où dans toute l'étendue du territoire : ces peines ont donc le même caractère que les incapacités et, comme ces dernières, sont parfaites dès que la condamnation est parfaite. Tout ce que nous avons dit des incapacités est donc applicable aux peines disciplinaires, aussi renvoyons-nous à nos explications antérieures.

Dans toute mesure disciplinaire, la peine se confond avec son exécution; la privation d'un droit n'a besoin que d'être prononcée d'une façon définitive pour être par cela même, exécutée ; un simple temps de raison suffit à cette exécution qui

ne nécessite aucune mesure matérielle ; il est donc
absolument impossible de modifier cette exécution,
elle n'est ni prescriptible, ni rémissible par voie de
grâce.

Le fait, pour un magistrat, d'être suspendu de ses
fonctions, constitue tout à la fois, la peine qui l'atteint et l'exécution de sa peine ; on ne peut dire
qu'une peine est subie que lorsqu'elle est exécutée, or, pour qu'un droit soit enlevé à un individu, il est de toute nécessité que la peine privative soit subie, ou, en d'autres termes, que
son exécution ait eu lieu. Si maintenant ce magistrat, qui a été frappé de suspension, n'a plus la
possibilité de siéger, de rendre la justice, de remplir
ses fonctions de juge, ce sont là autant de conséquences de l'exécution de la peine ; mais non l'exécution proprement dite. La conclusion à laquelle
nous sommes amenés est donc, qu'en principe, le
droit de grâce ne saurait jamais, et dans aucun cas,
s'appliquer aux peines disciplinaires ; une telle décision est rigoureuse, mais nous la croyons juridi-
quement vraie.

On nous permettra de regretter que l'opinion
émise par nous refuse à certains magistrats, fonctionnaires, officiers ministériels ou notaires le bénéfice de la grâce ; notons cependant la loi du 19 mars
1864 qui est venue remédier dans une certaine mesure à cette fâcheuse situation, en étendant aux no-

taires, greffiers, et aux officiers ministériels destitués, le bénéfice de la loi du 3 juillet 1852, sur la réhabilitation.

Nous avons ainsi terminé l'étude de l'étendue du droit de grâce ; nous avons indiqué les peines qui pouvaient en bénéficier ; il nous faut, maintenant, rechercher quels sont les effets de l'admission d'un recours en grâce.

# CHAPITRE IV



## EFFETS DU DROIT DE GRACE

La grâce, nous l'avons déjà dit, consiste dans la renonciation plus ou moins complète au droit de faire exécuter une peine. Son effet essentiel est donc de modifier, dans une mesure variable, l'exécution de la peine encourue ; mais elle ne touche en rien à la condamnation, et n'efface, ni le jugement, qui subsiste en entier avec la constatation du crime, ni le déshonneur qui en résulte ; aussi est-il toujours vrai de dire, après Victor Hugo, que :

« Le crime fait la honte et non pas l'échafaud. »

### § 1. — *Effets de la grâce à l'égard du condamné.*

Un condamné à mort, dont la peine a été commuée en celle des travaux forcés, n'en reste pas moins, aux yeux de la loi, un condamné à mort ; seule, la peine capitale est écartée et fait place à celle des travaux forcés. La condamnation subsiste avec toutes ses conséquences au point de vue pénal, civil et disciplinaire.

Il est important, à plusieurs points de vue, de constater cet effet de la grâce : il en résulte que la réhabilitation est nécessaire, au condamné gracié, pour effacer l'infamie dont il a été atteint, le laver de la flétrissure que lui a imprimée sa condamnation, et lui rendre la plénitude de ses droits civils, civiques et de famille : « La réhabilitation, nous dit un arrêt du Conseil d'Etat, en date du 8 janvier 1823, est nécessaire pour que le condamné recouvre l'exercice de ses droits civils et politiques ; la grâce ne saurait ni la remplacer, ni l'en dispenser. »

Pour la même raison, le gracié peut aussi, s'il remplit les conditions voulues, poursuivre la révision du jugement qui l'a frappé : la Cour de cassation l'a formellement déclaré dans un arrêt du 30 novembre 1810.

La condamnation, qui a fait l'objet d'une mesure gracieuse, ne cesse pas pour cela de figurer sur le bulletin du casier judiciaire, où mention est faite aussi, de la faveur accordée ; cette condamnation peut servir dans la suite, de premier terme à la récidive ; la Jurisprudence, constante en ce sens, ne saurait faire de doute : « La grâce, lisons-nous, dans un arrêt de la Cour de cassation, du 5 décembre 1811, n'anéantissant pas le jugement de condamnation, mais faisant seulement remise de la peine, le gracié qui commet un nouveau délit, peut être condamné aux peines de la récidive (1). »

Demandons-nous maintenant, si la grâce peut influer sur la théorie du non-cumul des peines?

Le concours d'infractions suppose, nous le savons, au moins deux crimes, ou deux délits, dont le premier n'a pas été poursuivi, ou n'a pas fait l'objet d'une condamnation définitive, lorsque le second s'accomplit.

Le siège de la matière se trouve dans l'article 365 § 2 du Code d'instruction crim. qui décide que : « En cas de conviction de plusieurs crimes ou délits, la peine la plus forte sera seule prononcée » et dans l'article 379 auquel nous renvoyons.

La question de savoir, si la grâce peut influer sur la règle du non-cumul des peines, ne se pose que lorsque les infractions concurrentes sont l'objet de poursuites séparées. Si les deux crimes ont été compris dans les mêmes poursuites, nous savons qu'une seule peine est prononcée, la plus forte; si donc une grâce intervient en faveur du condamné, elle produira les mêmes effets que si elle s'appliquait à une peine motivée par un seul crime.

Mais, si les deux crimes font l'objet de poursuites distinctes, l'application de la règle de non-cumul

(1) Voir dans le même sens un arrêt de la Cour de cassation du 11 juin 1825 et 1er juillet 1837.

des peines, peut présenter certaines difficultés dans les cas où la peine primitivement encourue, aurait été remise ou commuée par voie gracieuse. Faut-il, en effet, pour savoir si le condamné peut subir une nouvelle condamnation pour un crime antérieur, envisager la peine primitivement fixée par l'arrêt de condamnation, où celle qui lui a été substituée, par suite de l'admission du recours en grâce ? La réponse variera avec la manière de procéder.

Supposons qu'un condamné à mort, après avoir vu sa peine commuée en celle des travaux forcés à perpétuité, se trouve impliqué dans un crime antérieur, entraînant, lui aussi, la peine de mort, les nouveaux juges pourront-ils prononcer une seconde condamnation à la peine capitale ?

L'affirmative ne saurait faire de doute, si l'on prend comme terme de comparaison, la peine des travaux forcés qu'exécute notre individu ; la seconde peine, méritée pour le crime antérieur, est plus forte, elle peut donc être efficacement prononcée. Mais nous devons répondre par la négative ; si nous envisageons la peine primitivement encourue ; les deux peines sont alors égales et ne peuvent se cumuler.

La Cour de cassation, dans un arrêt du 15 octobre 1825, s'est rangée à cette seconde opinion : « La grâce ne saurait dispenser que de la peine encourue, et ne saurait effacer, ni détruire, la condamnation ; en conséquence, le condamné qui a obtenu la remise ou la commutation de sa peine, ne peut ensuite subir une condamnation nouvelle pour un crime antérieur, à moins que ce crime ne soit passible d'une peine plus grave que celle déjà encourue. »

La Cour d'assises de la Seine s'est prononcée dans le même sens dans un arrêt du 30 août 1880 : le nommé Abadie, condamné à la peine de mort pour un assassinat commis en avril 1879, avait obtenu une commutation de cette peine, en celle des travaux forcés à perpétuité. Traduit de nouveau en cour d'assises, avec des complices, pour un assassinat commis trois mois auparavant, en janvier 1879, il fut déclaré coupable par le Jury. Le ministère public, représenté par M. l'avocat-général Bertrand, requit l'application des articles 365 et 379, Code d'instruction criminelle et la condamnation d'Abadie seulement aux frais de la procédure.

Cet arrêt a été l'objet de critiques assez vives, et l'on a soutenu que, dans le cas précédent, le Ministère public, aurait pu, sans difficulté, demander dans ses conclusions, une nouvelle condamnation capitale. Les culpabilités, dit-on, ne s'absorbent pas, elles s'additionnent et se cumulent ; mais les peines ne se cumulent pas, la peine la plus forte sera seule exécutée ; or, lorsque après une première condamnation capitale, une grâce est intervenue pour la commuer en celle des travaux forcés, la peine primitivement encourue disparaît; la décision gracieuse est en quelque sorte substituée à l'arrêt de condamnation, et, si celui-ci subsiste au point de vue de la reconnaissance de la culpabilité, il a cessé d'exister au point de vue de la peine : il faut donc, pour savoir si la peine méritée par le crime antérieur est la plus forte, la comparer, non pas avec la peine primitivement encourue, qui n'est pas exécutée; mais bien avec la peine substituée par le décret de grâce : il n'y aurait pas à s'occuper de la peine qui fût infligée, dès l'instant, qu'au moment du second procès, l'accusé subit une peine moindre ; on ne saurait donc prendre comme terme de comparaison que la peine réellement exécutée.

Ce premier argument n'a pas, à notre avis, une grande valeur juridique, il établit une confusion entre l'exécution et la prononciation de la peine ; or, l'article 365 ne vise que la prononciation de la peine et non son exécution ; il faut donc se reporter au premier jugement, pour savoir laquelle des deux peines est la plus forte, et il n'y a pas à s'occuper des modifications plus ou moins profondes, qui ont pu être apportées à l'exécution de la première peine prononcée.

Les critiques de l'arrêt du 30 août 1880 ajoutent encore : admettre que la première condamnation capitale fasse, en ce cas, obstacle à une seconde condamnation à la même peine, c'est étendre le bienfait

de la grâce à un fait étranger à celui pour lequel elle
a été accordée. Cette proposition, telle qu'elle est
exprimée, contient, à notre avis, une grave erreur ;
nous ne voyons pas en quoi la décision, donnée par
l'arrêt précité, étend les bienfaits de la grâce. Supposons un instant, qu'il n'y ait pas eu commutation de
peine : la seconde condamnation aurait-elle pû être
prononcée?

Evidemment non ; il faut donc en conclure que les
choses restent entières : si la seconde peine capitale
ne peut être encourue, cela ne tient pas à la grâce,
cela ne constitue pas un de ses effets, mais ce n'est
que la conséquence de la présence du premier jugement et de la première condamnation qui subsistent
toujours. Bien au contraire, nous ajouterons que
l'opinion émise par nos adversaires, aurait pour
conséquence d'étendre les effets de la grâce, non pas,
il est vrai, dans un sens favorable au condamné ;
mais en lui faisant effacer la première condamnation,
ce qui est en contradiction avec tous les principes.

Nous reconnaissons, avec nos adversaires, que le
résultat auquel nous conduisent les principes, est peu
équitable, ou plutôt, qu'il est trop favorable à certains
criminels peu dignes d'intérêt. Voici, en effet, un individu qui a commis de nombreux assassinats ; il a
été l'objet d'une commutation de peine par le seul
fait que la justice ignorait ses autres méfaits, et il
pourra, tout en bénéficiant de la grâce octroyée, ex-

ciper de la première condamnation, pour échapper au juste châtiment qu'il mérite ! il est plus que probable que le chef de l'Etat eût refusé son recours, s'il avait connu ses antécédents ; il est fâcheux que la loi ne permette pas de revenir sur la mesure prise, ou qu'elle ne déclare possible, l'application d'une seconde peine égale à la première. En Belgique (1), c'est cette dernière doctrine qui est suivie et nous ne pouvons que regretter que le législateur ne l'ait pas introduite en France. Malgré ces graves considérations, nous ne pouvons, dans l'état actuel de notre législation, qu'approuver pleinement les décisions de la Cour de cassation et de la Cour d'assises de la Seine ; car elles sont conformes aux principes fondamentaux du droit de grâce.

Modifiant un peu l'hypothèse que nous venons d'envisager, nous pouvons supposer que la première peine qui a fait l'objet d'un recours en grâce, est moins forte que celle dont est passible le même individu, pour un autre crime antérieurement commis, mais découvert après le premier jugement et après l'octroi de la grâce. Nous savons que, dans ces conditions, une seconde peine pourra être prononcée, et qu'elle absorbera la première. Demandons-nous alors, si la grâce dont a bénéficié le condamné, aura

---

(1) Voir Cour de cass. Belge, 23 juin 1851 ; Pasicrisie, 1851, p. 378. Hans, *principes de droit pénal Belge*, t. II, n° 925.

quelque influence sur la seconde peine et pourra en diminuer la durée ? Nous ne le croyons pas. En effet, la seconde peine est alors seule exécutée ; la première, qu'elle ait ou non fait l'objet d'une mesure gracieuse, tombe d'elle-même, ou plutôt son exécution se confond avec l'exécution de la seconde ; celle-ci ne s'ajoute pas à la première, elle l'absorbe, ce qui est bien différent.

Il s'agit, par exemple, de deux crimes entraînant la réclusion ; dans ce cas, la seconde poursuite aboutira à une condamnation efficace, si les premiers juges n'ont pas atteint le maximum : supposons que le premier arrêt ait infligé six ans de réclusion, le second arrêt pourra élever la peine à dix années ; si maintenant, dans le temps qui s'est écoulé entre les deux poursuites, le condamné a bénéficié d'une remise du tiers de sa peine, le tiers, soit ici deux ans de réclusion, ne devra pas être défalqué des dix ans encourus. Les dix ans de réclusion ne se décomposent pas en six ans d'une part et quatre ans de l'autre, ils forment un tout indivisible qui n'est autre que la dernière condamnation ; la grâce tombe faute d'objet, et le condamné ne peut aucunement s'en prévaloir. Nous ne croyons pas que ce point puisse présenter de sérieuses difficultés, aussi n'insisterons-nous pas davantage.

Les diverses décisions que nous venons de donner et qui touchent au droit de grâce envisagé dans ses rapports avec la réhabilitation, la révision, la récidive, le cumul d'infractions, tiennent toutes à ce principe fondamental, que la grâce n'a d'effets que sur l'exécution de la peine, et jamais sur la condamnation proprement dite, qui demeure entière et telle qu'elle résultait du jugement.

Ce principe étant admis une fois pour toutes, nous allons nous demander quels peuvent être les effets de la grâce sur l'exécution d'une peine ? Ils sont, suivant les cas, plus ou moins considérables, ceci nous amène à parler des diverses espèces de grâces.

La grâce peut être totale ou partielle et entraîner, suivant les cas, des effets plus ou moins considérables. La grâce totale porte le nom de *remise* : le condamné bénéficie alors de la non exécution de la peine à partir du moment où le décret est rendu ; il ne subit nullement sa peine si l'exécution n'a pas encore commencée, ou bien il est exempté de la partie de l'exécution qui restait à courir ; s'il s'agit d'une amende, celle-ci n'est pas payée ; si la peine consiste dans la prison, le condamné ne peut être inquiété s'il est libre, et il est immédiatement relaxé s'il est en cours de peine.

Le plus souvent la grâce est partielle, elle prend alors le nom de *remise partielle* ou *réduction* et de *commutation de peine.*

La remise partielle ou réduction, comme son nom l'indique, porte uniquement sur la quotité de la peine;

une amende de cent francs peut être remise pour moitié, ou ce qui revient au même, réduite à cinquante francs. Toutes les peines, sauf la peine de mort peuvent bénéficier de cette faveur : nous pouvons faire rentrer dans cette catégorie de grâces, la remise de la solidarité ; nous savons en quoi consiste cette mesure, nous avons vu précédemment quelles sont les règles qui la régissent, aussi n'y reviendrons-nous pas.

La commutation de peine substitue, *en fait*, à la peine prononcée, une peine de gravité moindre ; nous disons substitue *en fait*, car nous savons *qu'en droit* la peine édictée par le jugement n'est pas effacée et subsiste toujours, en d'autres termes, et pour être plus exact, le changement ne porte que sur l'exécution ; un condamné à mort, dont la peine est commuée de celle des travaux forcés à perpétuité, n'a pas la tête tranchée et subit à la place la peine des travaux forcés.

Nous lisons dans l'ouvrage de M. Gouraincourt (1) que « lorsque, conformément aux règles de la commutation, une peine d'un degré supérieur est commuée en une peine d'un degré inférieur, celle-ci doit être subie avec toutes ses conséquences légales. Par exemple, un condamné à mort, dont la peine a été commencée ultérieurement en travaux forcés, se trouve par cela même, soumis à l'interdiction légale

_______

(1) M. Gouraincourt, *op. cit.* p. 97.

et à la dégradation civique. Il est bien juste, en effet, d'admettre qu'un criminel, frappé de la peine capitale commuée ultérieurement en travaux forcés, ne doit pas être mieux traité que tel autre individu condamné simplement par la Cour d'assises et pour un crime moins grave, à la peine des travaux forcés ». Nous ne croyons pas que la proposition, émise ici par M. Gouraincourt, soit absolument exacte. A notre avis, la peine substituée n'entraîne pas avec elle, les incapacités dont la loi l'a accompagnée ; en général, et sauf une exception, les peines accessoires sont attachées à la condamnation et non à l'exécution de la peine ; elles ne peuvent donc résulter que d'une condamnation ; or, le décret de grâce, rendu par le Président de la République, ne doit pas être assimilé à une nouvelle condamnation, car il ne consiste que dans une simple modification apportée à l'exécution de la peine primitivemement prononcée. L'exception à laquelle nous venons de faire allusion, concerne l'interdiction légale qui, nous le savons, *est attachée à l'exécution* de certaines peines ; elle sera donc encourue *ipso facto*, si la grâce a pour effet de faire exécuter une des peines qui entraînent cette incapacité. En pratique, le gracié se trouve, dans tous les cas, soumis aux incapacités attachées à la peine substituée ; cela tient, d'après nous, au principe que la grâce ne remet pas les incapacités encourues avec la peine primitive et au jeu d'application des peines accessoires privatives de droits, qui sont plus complètes suivant la gravité de la peine à laquelle elles sont attachées ; en d'autres termes, plus la peine principale est grave, plus les incapacités qui en résultent sont nombreuses : comme la commutation de peine ne peut avoir pour effet que de faire exécuter une peine moins forte, il s'en suit nécessairement, que les incapacités attachées à cette seconde peine, étaient déjà comprises dans la peine primitivement encourue.

On serait peut-être tenté d'objecter, à ce raisonnement, que l'interdiction de séjour ne saurait être l'accessoire ni de la peine capitale, ni de celle des travaux forcés à perpétuité qui, toutes deux, peuvent être commuées en celle des travaux forcés à temps, qui entraînent cette incapacité. L'objection n'est pas sérieuse, car, s'il est évident qu'il ne peut être question de parler d'interdiction de séjour lorsque la peine capitale ou les travaux forcés à perpétuité sont exécutés, il n'en résulte pas moins sûrement des articles 46 § 4 et 48 § 4 du Code pénal que cette interdiction est encourue *de droit* en cas de prescription de la peine perpétuelle ou de non exécution, par suite de commutation ou de remise ; elle est donc l'accessoire de ces peines et se trouve comprise dans le jugement de condamnation : ce fait, loin d'ébranler notre opinion ne peut que la fortifier.

Le Président de la République a une grande li-

berté d'appréciation dans l'application de la grâce ;
pouvant remettre complètement une peine, il peut, à
plus forte raison, l'abaisser de plusieurs degrès ; il
existe néanmoins deux règles qu'il ne saurait trans-
gresser, sous prétexte de faveur gracieuse.

Les délits de droit commun et les délits politiques
entraînent des peines différentes qui ont leurs caractères propres. Le chef de l'Etat ne peut passer d'une
peine de droit commun à une peine politique, et in-
versement ; il ne saurait, par exemple, commuer la
peine de travaux forcés en celle de la déportation
simple. La distinction entre ces deux classes de
peines est trop profonde pour qu'on puisse passer de
l'une à l'autre ; le déshonneur qui s'attache aux unes
n'existe pas autant pour les autres, car, comme l'a
fort justement dit Guizot (1), l'immoralité des infractions politiques est d'un genre tout spécial, « elle
n'est ni aussi claire, ni aussi immuable que celle des
crimes privés ; elle varie selon les temps, les événements, les droits et les mérites du pouvoir..., la cri-
minalité des crimes politiques expire aux frontières
d'un Etat..., la légitimité de la loi politique est purement conventionnelle et n'est point immuable
comme les lois de la conscience ». Plus nous allons,
plus cette distinction, entre les peines de droit com-

(1) Voir Guizot, *De la peine de mort en matière politique* : Chauveau et
Hélie, ii, 310.

mun et les peines politiques va s'accentuant; les criminalistes italiens ont beaucoup contribué à ce mouvement, et la théorie des peines parallèles, quoique récente, tend à devenir classique.

En second lieu, le chef de l'Etat ne peut, au moyen de la grâce, changer les caractères distinctifs d'une peine, ni modifier le régime de son exécution. Chaque peine est exécutée suivant des règles uniformes, arrêtées administrativement, et c'est à l'administration pénitentiaire ou au législateur qu'il appartient de les modifier, mais non au Président de la République; en le faisant il sortirait de ses attributions. Il ne peut que remettre la peine, la réduire ou la commuer en une peine de gravité moindre, mais il n'a pas le pouvoir de forger une peine nouvelle, non prévue par la loi.

L'effet essentiellement pratique de la grâce, au point de vue du condamné, est d'apporter une diminution à la rigueur de la pénalité; pour apprécier cette diminution on doit s'en rapporter à la réduction accordée ou à l'échelle légale des peines, en cas de commutation; mais non à l'opinion personnelle du condamné. Il est arrivé parfois que certains condamnés sollicitaient dans leur recours une peine légalement plus forte que celle prononcée par le jugement; de tels recours ne sauraient être admis, ils sont contraires au principe même de la grâce. Les faits auxquels nous faisons allusion se sont princi-

palement produits pour des condamnés à la réclusion, qui désiraient voir commuer leur peine en
celle des travaux forcés, afin d'être transportés
aux colonies, où le régime passe pour être moins
dur que dans les maisons centrales. Une telle demande ne doit pas étonner, puisque l'on a vu souvent des détenus commettre des crimes et des assassinats dans leur prison, sur des gardiens ou sur des
co-détenus, pour se mettre dans le cas de mériter la
peine des travaux forcés ; nous savons que la loi du
25 décembre 1880 a eu pour but de détourner les
détenus d'une pareille idée, en décidant que, lorsque,
à raison d'un crime commis dans une prison, par un
détenu, la peine des travaux forcés à temps ou à
perpétuité est appliquée, la Cour d'assises ordon-
nera que cette peine sera subie dans la prison
même où le crime aura été commis.

Il est parfois malaisé de dire exactement si la
peine substituée est moins grave que celle qu'elle
remplace : une amende de cinquante francs est-elle
moins grave que trois jours de prison? c'est une
question d'appréciation ; aussi peut-il arriver que le
condamné prétende que sa situation a été aggravée
par la décision gracieuse ; a-t-il un recours ? Nous
pensons qu'il est équitable de lui en accorder un ;
mais lequel? La question est controversée. Pour les
uns on se trouverait en présence d'une question
contentieuse sur l'exécution de la peine et cette

question rentrerait dans la compétence de l'autorité judiciaire, à laquelle il appartiendrait de se prononcer. Pour les autres il faudrait s'attacher au principe en vertu duquel la grâce est accordée, et ils en concluent que la décision gracieuse, de même que les conditions imposées, sont des actes de souveraineté qui ne peuvent être critiqués que devant les Chambres, pour inconstitutionnalité, ou donner lieu devant le Conseil d'Etat à un recours pour excès de pouvoir. Nous sommes assez portés à nous ranger à cette deuxième opinion (1).

On s'est souvent demandé si le recours en grâce avait un effet suspensif, et si les tribunaux avaient le droit de surseoir à l'exécution des jugements ? A ces deux questions il faut répondre par la négative, sauf les exceptions légalement reconnues. Le sursis, mentionné dans l'article 375 du Code d'instruction criminelle, lorsqu'il y a pourvoi en cassation, est le seul prévu par la loi ; en dehors de ce cas, il est de règle que le sursis est impossible.

Le sursis, en effet, fait partie intégrante du droit de grâce ; c'est le premier échelon de cette faveur, aussi les tribunaux sortiraient-ils de leurs attributions, s'ils décidaient de surseoir à l'exécution d'un jugement, puisque la grâce est une des prérogatives du

---

(1) V. en sens divers : Villey, p. 545 ; Garraud. *Dr. pén. français*, II, 192.

Chef du pouvoir exécutif ; ce principe a été admis par la Cour de cassation dans un arrêt du 16 pluviôse an XIII : « Considérant, dit cet arrêt, que le droit de surseoir à l'exécution d'un jugement de condamnation fait essentiellement partie du droit de faire grâce : qu'ainsi, l'un ne peut, pas plus que l'autre, être exercé par les tribunaux. » Nous n'avons rien à ajouter à cet arrêt qui est absolument conforme aux principes ; la circulaire ministérielle du 20 vendémiaire, an XI, avait déjà posé cette prohibition, et celle du 13 messidor an XIII la renouvela.

La rigueur d'un tel principe devait, dans certains cas, être très préjudiciable aux condamnés ; il rendait même parfois la grâce absolument impossible, aussi fut-on vite amené à la tempérer. Nous avons déjà vu que l'instruction d'un recours exige de nombreuses formalités, qui demandent un temps assez long, de deux à trois mois, au moins ; dans ces conditions, la décision gracieuse risquait souvent d'être prise après l'exécution de la peine et d'être, par conséquent, sans objet. Un tel inconvénient était irréparable en cas de condamnations capitales ; aussi, comme nous avons déjà eu occasion de le dire, donna-t-on l'ordre dès 1830, à tous les parquets, de surseoir d'office aux exécutions capitales, quand bien même il n'existerait encore aucun recours de la part du condamné (circulaire ministérielle du 27 septembre 1830) (1). Il est

_________

(1) Décision de la Chancellerie du 26 juillet 1834 et 17 décembre 1842.

de règle aussi de surseoir à la transportation des condamnés à cinq ans de travaux forcés jusqu'après la décision à intervenir; dans le cas de condamnations supérieures, le Ministre de l'intérieur a encore la faculté de surseoir, mais seulement lorsque le recours a des chances d'être favorablement accueilli. La règle du sursis a été enfin étendue. depuis 1875, à toutes les peines, à une amende et aux peines d'emprisonnement d'une durée moindre de trois mois (1).

Il faut bien se garder de confondre le sursis, dont nous venons de parler, avec le sursis de la loi du 26 mars 1891 (article 1er). Celui-ci ne possède aucun des caractères propres à une mesure gracieuse ; c'est une atténuation apportée à l'exécution d'une peine et qui résulte du jugement lui-même ; c'est un mode d'exécution distinct, prévu spécialement par la loi, et qui n'empêche nullement le condamné, s'il le juge à propos, d'adresser au chef de l'Etat un recours en grâce.

Jusqu'à présent, nous n'avons envisagé que la grâce pure et simple ; il nous faut voir maintenant si elle peut être affectée de modalités telles que le terme ou la condition.

Nous ne voyons pas de raison, en droit, pour ne

______

(1) Décision de la Chancellerie du 2 mai 1854 et 13 mai 1863. *Circul. min.* du 29 janvier 1879. Voir aussi Breuillac *des recours en grâce*, p. 15 et 16.

pas admettre la grâce conditionnelle. Empruntant les termes de l'article 1168 du Code civil, nous dirons que la grâce est conditionnelle lorsqu'on la fait dépendre d'un événement futur et incertain, soit en la suspendant jusqu'à ce que l'événement arrive, soit en la révoquant, selon que l'événement arrivera ou n'arrivera pas. Nous distinguerons donc la grâce sous condition suspensive et la grâce sous condition résolutoire.

La grâce sous condition suspensive n'est définitive que lorsque la condition est réalisée « remise de l'amende est accordée à tel individu s'il indemnise complètement la victime. » Dès que la victime aura été désintéressée, la grâce sera définitivement acquise à l'auteur de l'infraction. Notons que les grâces sous condition suspensive sont assez rares : la Chancellerie préfère avertir officieusement l'intéressé qu'il ait à remplir telle ou telle obligation, s'il veut bénéficier d'une mesure gracieuse, et celle-ci ne lui est octroyée que lorsqu'il a obéi à cette invitation. Il y a un demi siècle, les grâces sous condition suspensive étaient fréquentes, et l'on cite, comme exemples fameux, les grâces promises aux forçats qui, au risque de leur vie, acceptaient d'abattre la dernière cheville qui, au moment de leur lancement, retenait les navires au berceau (1).

(1) Lajoye, *La loi du pardon*, Paris 1882.

La condition résolutoire ne suspend pas les effets de la grâce ; celle-ci est acquise au condamné dès qu'elle lui est octroyée, sa révocation est seule tenue en suspens. La grâce est révoquée de droit, si celui qui en est l'objet transgresse les ordres qu'il a reçus ou fait ce qu'on lui a défendu : « Remise de telle peine est faite à Pierre, à la condition qu'il ne reviendra pas à Paris de dix ans. » S'il revient à Paris avant l'expiration de ce délai, Pierre perd le bénéfice de la grâce et doit exécuter sa peine.

Les grâces sous condition résolutoire expresse sont excessivement rares; nous ne croyons même pas que la Chancellerie en provoque actuellement. Il a paru contraire au principe de l'irrévocabilité de la grâce, d'accorder une faveur dont l'existence serait, en quelque sorte, subordonnée à la conduite ultérieure du condamné. Nous aurons bientôt l'occasion de revenir sur cette question et de donner notre appréciation à ce sujet.

Nous savons en quoi consiste la commutation de peine ; il arrive souvent qu'une peine à l'amende est substituée à l'emprisonnement; les commutations de cette espèce sont, par exception, toujours accordées sous la condition résolutoire tacite du paiement de l'amende. La peine à l'amende, à la différence des peines corporelles, n'est pas toujours exécutable contre la volonté du condamné car celui-ci peut s'y soustraire en ne la payant pas, soit qu'il n'ait pas les moyens nécessaires, soit qu'il dissimule son patrimoine ; il résulterait de ce fait, si l'on appliquait le principe de l'irrévocabilité de la grâce, que le condamné, ne pouvant plus être inquiété pour la peine primitive, se trouverait à l'abri de toute pénalité, ce qui serait absolument contraire à la volonté du chef de l'Etat qui a bien consenti à adoucir, dans une certaine mesure, la peine encourue, mais n'a jamais voulu la réduire à né nt. La Chancellerie pour obvier à cet inconvénient décide, qu'en cas de non paiement de l'amende dans un délai fixé, la grâce se trouve de plein droit rétroactivement anéantie et que la peine primitive redevient applicable.

Les partisans irréductibles de l'irrévocabilité absolue du droit de grâce pourraient objecter qu'on aurait aussi bien pu soumettre le grâcié à la contrainte par corps, pour non paiement de l'amende. Nous répondrons que la décision de la Chancellerie est de beaucoup la plus simple ; si la contrainte était applicable, comment en fixer la durée, puisque la loi prononce un maximum et un minimum ? quels juges aurait-on chargés de ce soin ? de plus, nous ne voyons pas jusqu'à quel point la contrainte par corps pourrait être ici légitimement appliquée ; les amendes recouvrables par voie de contrainte, doivent provenir d'une condamnation ; or, nous avons posé comme principe que la grâce ne devait pas être assimilée à un jugement et la peine substituée à une condamnation ; cette considération nous porte à croire que la contrainte par corps ne serait pas possible, sans un texte spécial.

Le terme, à la différence de la condition, ne suspend point la grâce, dont il retarde seulement l'exétion. La grâce à terme est donc immédiatement acquise au condamné ; son exécution seule est renvoyée à plus tard. « Remise de l'emprisonnement est accordée à Pierre, à partir du 1er mai prochain. » Une grâce semblable se ramène, en définitive, à une grâce partielle, le résultat en est donc fort acceptable ; mais cela n'empêche qu'elle présente de sérieux inconvénients pratiques. Le grâcié, qui a bénéficié d'une telle mesure, est certain qu'on ne pourra la lui enlever ; d'autre part, il sait qu'il n'a plus aucune faveur à espérer ; aussi n'ayant aucun intérêt à se bien conduire en prison, se fera-t-il peut-être un malin plaisir d'être un fauteur de désordre et d'indiscipline et sa libération, obligatoire au terme fixé, sera alors démoralisante et d'un très mauvais effet sur ses co-détenus. Cet inconvénient a été compris et, pour cette raison, les grâces à terme sont tout à fait exceptionnelles.

Pour terminer avec les effets généraux de la grâce vis-à-vis du condamné, notons ses deux derniers caractères : elle est irrévocable et obligatoire.

L'irrévocabilité est de règle, sauf quelques exceptions en cas de grâces sous condition résolutoire expresse ou tacite. En faveur de cette irrévocabilité on n'a pu fournir que des raisons de convenance ; elles se ramènent toutes à cette idée, qu'il est indigne du chef de l'Etat de retirer d'une main, ce qu'il vient de donner de l'autre. En Belgique, les grâces sont toujours révocables ; à notre avis, cette manière de procéder présente de grands avantages, nous en reparlerons bientôt, quand nous apprécierons l'utilité et le but du droit de grâce.

Certains auteurs, pour justifier cette irrévocabilité, ont proposé d'étendre à la grâce, la règle célèbre: « Donner et retenir ne vaut », cela ne suffit pas à nous convaincre : nous comprenons l'utilité de cette règle quand il s'agit de donations entre particuliers; mais ici, la situation est bien différente. Nous ne nous trouvons pas en présence d'une donation, mais d'une renonciation à l'exécution d'un droit, librement consentie par l'Etat envers un particulier ; c'est un acte unilatéral, la preuve en est que, pour produire ses effets, la grâce n'a pas besoin d'être acceptée : ceci nous conduit à dire un mot du caractère obligatoire des mesures gracieuses.

Le caractère obligatoire de la grâce a été très vivement combattu : MM. de Peyronnet, Barbès, Valette, de Montalembert, se sont élevés avec véhémence contre cette proposition ; ils soutiennent que l'acceptation de la grâce est la reconnaissance du bien fondé de la condamnation, et que le pardon est souvent plus pénible à accepter que le châtiment à subir. Nous comprenons ce sentiment chez des adversaires politiques malheureux, qui mettent un point d'honneur à ne rien devoir à leurs ennemis et qui, par leur refus, font encore de l'opposition systématique ; mais dès qu'il s'agit de crimes de droit commun, nous envisageons les choses d'une façon différente.

Nous ne voyons pas, tout d'abord, en quoi la grâce peut être la confirmation de la culpabilité. La culpabilité tient au jugement de condamnation et rien qu'à ce jugement ; or, la grâce n'a aucun effet sur le jugement : Celui-ci reste entier après comme avant, il n'est ni infirmé, ni confirmé. Le condamné grâcié peut encore protester de son innocence et la faire éclater au grand jour ; l'acceptation de la grâce n'implique pas la reconnaissance du bien fondé de la condamnation ; la grâce prouve simplement que celui qui en bénéficie est digne d'indulgence à cause de sa bonne conduite ou de son amendement, ou de pitié par suite de la situation malheureuse dans laquelle il se trouve, lui et sa famille.

Les adversaires du caractère obligatoire de la grâce se sont encore appuyés sur cette règle fondamentale du droit privé : « *Invito beneficium non datur.* » Et d'après laquelle personne ne peut être contraint d'accepter un bienfait. Nous leur ferons simplement remarquer qu'il est bien difficile d'étendre au droit public les règles propres au droit privé ; chacun a son domaine respectif et ses règles distinctes. En droit public, l'intérêt particulier disparaît devant l'intérêt général ; la grâce, comme le droit de punir, est basée sur l'intérêt social, et celui-ci ne saurait dépendre de la volonté d'une personne ; ce qu'il commande s'impose à tous, avec la même inflexible rigueur. De quel droit, du reste, le condamné peut-il prétendre à l'exécution de la peine ? « L'exécution des peines, nous dit Bertauld (1), n'est pas l'acquit d'une dette du pouvoir social, soit envers le condamné, soit envers la justice absolue qu'il n'a pas qualité pour représenter. » De plus, en pratique, comment le condamné pourrait-il contraindre l'administration à exécuter contre lui la peine que celle-ci refuse d'exécuter ? Notre conclusion sera donc que la grâce est imposée ; c'est une mesure d'ordre public qui atteint le coupable malgré lui, « l'utilité de l'Etat est la vraie mesure des peines que les tribunaux humains décernent (2) », nous ajouterons, et des grâces que le pouvoir exécutif croit devoir accorder.

Il existe pourtant certaines grâces qui sont nécessairement subordonnées à l'acceptation du condamné, ce sont celles qui sont octroyées sous condition suspensive. Si le coupable ne veut pas en bénéficier il n'a qu'à ne pas remplir la condition.

(1) Bertauld, *Cours du Code pén.* Paris 1864, p. 488.
(2) Püffendorff, *De Jure.*

En pratique, les cas de refus sont tout à fait exceptionnels ; cela tient d'abord à ce que les individus, à qui s'adresse la grâce, poussent rarement le raffinement d'amour propre jusqu'à y voir une offense à leur dignité ; et ensuite à la nécessité d'une supplique préalable qui équivaut à l'acquiescement anticipé de la faveur espérée. Les condamnés à mort, dont le recours est instruit d'office, pourraient seuls être parfois assez aveuglés par un sot orgueil pour refuser leur grâce ; il est vrai qu'ils le font généralement lorsqu'ils ont la certitude d'échapper à l'échafaud, ce qui enlève de leur mérite.

Nous avons ainsi envisagé les effets de la grâce par rapport au grâcié, demandons-nous maintenant qu'elles en sont les conséquences vis-à-vis des tiers.

## § 2. — *Effets de la grâce à l'égard des tiers.*

« Les lettres de grâce n'ont jamais d'autre action que du souverain au condamné auquel par les dites lettres il est seulement fait remise de la peine... (1) » Il résulte de cette décision de la Cour de cassation que la grâce, à l'égard des tiers, est *res inter alios acta* et qu'elle ne saurait préjudicier aux droits acquis à

_______

(1) Cassation, 10 avril 1849.

des tiers. A cette idée se rattachent presque toutes les limitations que nous avons dû assigner en droit de grâce, lorsque nous l'envisagions au point de vue de son étendue : c'est ainsi que la grâce ne peut remettre les dommages et intérêts alloués à la victime ; les amendes, confiscations et affichages qui ont le caractère de réparations civiles ; les frais dûs à l'Etat et la contrainte par corps dans la presque généralité des cas. Sur toutes ces questions nous renvoyons à nos précédentes explications.

Cette idée que la grâce ne doit pas nuire aux tiers date de la plus haute antiquité, le droit romain l'exprimait ainsi : « Princeps numquam tollit jus quæsitum tertio » et, dans l'ancien droit, les lettres de grâce n'étaient accordées que « satisfaction faite à partie civile, tant seulement. » Les décrets, aujourd'hui encore, renferment d'ordinaire la même réserve et stipulent que la grâce est octroyée « sans que la décision puisse nuire ou préjudicier aux droits de la partie civile, lesquels demeurent expressément réservés. »

Nous avons déjà eu occasion de voir des applications intéressantes de ce principe, quand nous avons étudié, à propos de l'amende, les conséquences de la remise de la solidarité, et quand, au début de ce travail. nous avons rappelé le droit, réservé au mari, en vertu de l'article 337 § 2 du Code pénal, d'arrêter l'effet de la condamnation encourue par sa femme

convaincue d'adultère, en consentant à la reprendre ;
nous n'y reviendrons pas. Nous pouvons citer encore
les articles 232 et 306 du Code civil, qui rangent
parmi les causes de divorce et de demande en sé-
paration de corps, la condamnation de l'un des
époux à une peine afflictive et infamante ; il est hors
de doute que la grâce, intervenue en faveur de
l'époux condamné, ne saurait priver son conjoint du
droit d'intenter une action en divorce ou en sépara-
tion de corps ; c'est pour lui un droit acquis ; la
grâce ne peut lui en faire perdre le bénéfice (1).

Le principe, qu'à l'égard des tiers, la grâce est *res
inter alios acta*, a pour conséquence inverse d'interdire aux tiers d'élever la prétention de s'opposer à
l'exécution d'une décision gracieuse qui ne porte aucune atteinte à leurs droits. Ils seraient mal fondés à
venir faire une telle réclamation ; n'étant pas touchés
par le décret de grâce, ils ne peuvent intervenir à
aucun titre. — Certains auteurs, entre auteurs Bonneville de Marsangy (2), soutiennent que la grâce
ne devrait pouvcir être obtenue qu'à la double condition, pour le condamné, d'avoir payé les dommages-intérêts et les frais de justice. Nous ne voyons
pas la raison juridique d'une telle limitation ; aussi
ne l'admettrons-nous pas, malgré la circulaire mi-

---

(1) Arrêt de la Cour de Paris, 19 août 1847.
(2) Bonneville de Marsangy, *Traité du système pénitentiaire.*

nistérielle du 10 mars 1876, qui donne en partie satisfaction à cette opinion ; elle décide que pour tout condamné solvable, la grâce ne produira effet qu'à partir du complet paiement des frais dûs à l'Etat. Dans une telle décision nous ne pouvons voir qu'un procédé fiscal, mais non l'application d'un principe.

Nous n'avons envisagé jusqu'à présent que la grâce individuelle ; il nous faut dire un mot de la grâce collective, qui en diffère à divers points de vue.

# CHAPITRE V



GRACES COLLECTIVES

Les grâces collectives datent de l'ordonnance de
Louis XVIII, du 6 février 1818, qui s'exprime ainsi :
« Tous les ans, avant le 1ᵉʳ mai, les préfets adresse-
ront au Ministre de l'intérieur ; la liste de ceux des
condamnés qui se seront fait particulièrement recommander par leur bonne conduite et leur assiduité au travail, et qui seront jugés dignes de parti-
ciper aux effets de notre clémence. Notre Ministre
de l'intérieur transmettra ces listes à notre Garde
des Sceaux, avec les observations et propositions
qu'il aura jugé convenable d'y joindre. Notre Garde
des Sceaux, après avoir recueilli des renseignements
auprès de nos Procureurs Généraux et ordinaires,
dans le ressort desquels auront été condamnés et seront détenus les individus portés sur les listes, pren-
dra nos ordres à leur égard; de manière à ce que
notre décision puisse être rendue le 25 du mois
d'août de chaque année, époque que nous fixons en

mémoire du saint roi, notre aïeul, dont son amour pour la justice a plus particulièrement rendu le nom à jamais mémorable. »

Plusieurs circulaires ministérielles ont pu modifier dans ses détails l'instruction des grâces collectives, changer la date annuelle du décret, mais cette institution n'en a pas moins conservé les mêmes caractères généraux.

Les grâces collectives, quoique produisant les mêmes effets que les grâces individuelles, n'en diffèrent pas moins profondément dans leur étendue et dans les formalités prescrites pour leur instruction.

Ici, ce n'est plus le condamné lui-même qui met en mouvement l'instruction au moyen d'une supplique adressée au chef de l'Etat ; ce sont les directeurs de prisons qui ont l'initiative des propositions. et qui, chaque année, font une liste des détenus qui leur semblent le plus dignes d'indulgence par leur bonne conduite et leur assiduité au travail. Cette liste de propositions est adressée au préfet, qui la transmet au Ministre de l'intérieur et celui-ci au Garde des Sceaux qui, à son tour, charge les Parquets compétents de se livrer à une enquête sur chaque intéressé ; cette enquête a le même caractère que celle usitée en cas de grâce particulière. Elle porte sur les antécédents du condamné, la situation de fortune et de famille et la gravité du crime qu'il a commis ; elle ne saurait donc faire double emploi avec le premier travail du directeur de la prison, qui est uniquement basé sur la conduite du condamné depuis son incarcération.

Les grâces collectives ont un champ d'application moins vaste que les grâces individuelles, en ce sens qu'elles ne peuvent s'adresser qu'aux condamnés primaires, qui purgent une peine privative de liberté supérieure à un an d'emprisonnement. Si la peine est temporaire, il faut que la moitié de la peine ait été subie ; s'il s'agit de condamnés aux travaux forcés à perpétuité, la grâce ne peut intervenir qu'après dix ans de détention ; la grâce collective peut aussi comprendre des individus qui ont déjà bénéficié d'une commutation de peine ; mais alors la moitié de la peine substituée doit avoir été exécutée ; les propositions ne peuvent enfin être supérieures à dix pour cent du nombre des détenus dans la prison.

Certains auteurs ont critiqué le principe des grâces collectives : « Comment, dit M. Alauzet (1), peut-on trouver à récompenser des individus qui subissent leur châtiment, et pour lesquels l'obéissance à la règle n'est pas seulement un devoir, mais une peine ? » Nous ne croyons pas cette critique bien fondée : les grâces collectives nous semblent aussi légitimes que les grâces individuelles, à la double condition qu'elles ne soient pas distribuées avec trop de facilité et

(1) Alauzet, *Essai sur les peines et le système pénitentiaire*, Paris 1844.

qu'elles ne soient pas la seule récompense de la bonne conduite en prison et le prix de services quotidiens que certains détenus sont appelés à rendre à l'Administration dans les travaux de gestion pénitentiaire (1). C'est un double écueil à éviter, car il a pour conséquence de détourner la grâce de son but essentiel, qui est d'encourager l'amendement et le reclassement des condamnés.

A tous les autres points de vue, la grâce collective produit les mêmes effets que la grâce individuelle; envisagée à l'égard de chaque bénéficiaire et à l'égard des tiers, ses conséquences sont identiques, aussi sommes-nous surpris de voir certains auteurs comparer et presque assimiler la grâce collective à une amnistie ; la distinction entre ces deux institutions est profonde, elle repose sur tous les principes que nous avons énumérés dans cette étude, et résulte de la comparaison que nous avons déjà faite, entre l'amnistie et la grâce individuelle ; nous croyons superflu de la reproduire à nouveau et renvoyons à nos précédentes explications.

Notons, pour terminer, que la loi du 14 août 1885, sur la libération conditionnelle, a enlevé beaucoup de son importance à la grâce collective et aussi à la grâce individuelle; nous reviendrons sur ce sujet dans la troisième partie de notre travail.

_______________

(1) Voir dans ce sens Jules Lacointa, *op. cit.* p. 622 et 623.

# CHAPITRE VI



## LÉGISLATIONS ÉTRANGÈRES

Les législations étrangères offrent peu de particularités saillantes au sujet du droit de grâce ; aussi serons-nous très bref sur ce point.

Presque dans tous les pays, le droit de grâce et celui d'amnistie appartiennent au chef de l'Etat ; la Suisse et les Etats-Unis font pourtant exception à cette règle. En Suisse, les grâces sont accordées par les Conseils cantonaux, sur avis du pouvoir exécutif, toutes les fois qu'il ne s'agit pas d'infractions intéressant la Confédération tout entière ; au cas contraire, ce sont les Chambres fédérales qui statuent. Aux Etats-Unis les choses se passent d'une façon à peu près identique : si la grâce s'applique à une condamnation encourue pour infraction aux lois fédérales, le Président est incompétent ; dans tous les autres cas le droit de grâce est conféré aux Etats, et son exercice est réglé par la législation spéciale à chacun d'eux. Nous lisons dans l'ouvrage de M. Go-

bron, page 147, note 136, que « d'après l'interprétation donnée par le tribunal suprême fédéral, le Président des Etats-Unis a le droit d'accorder la grâce,
même avant la condamnation, même avant toutes
poursuites (1). » Nous ne pouvons trouver l'explica-
tion d'un pouvoir aussi étendu donné au Président,
que dans la confusion entre les droits de grâce et
d'amnistie ; une telle conception, si elle est exacte,
nous ramène fort loin en arrière, et si nous voulons
la retrouver en France, il nous faut remonter au
xviie siècle.

En Autriche, Belgique, Angleterre, Italie, Portu-
gal, Allemagne, Russie, Suède, Pays-Bas, le droit de
faire grâce appartient au roi ou à l'empereur ; de
toutes les constitutions monarchiques d'Europe,
c'est celle des Pays-Bas qui apporte le plus de restrictions au pouvoir du roi de faire grâce ; il doit,
suivant la gravité des cas, demander l'avis préalable
de la Haute Cour ou des juges qui ont connu de
l'affaire. Dans les autres Etats, la seule restriction
ordinairement apportée au droit de grâce vise les
grâces dont pourraient bénéficier des Ministres ou
des personnages jugés par des tribunaux spéciaux,
correspondant à notre Haute Cour de justice ; ceci
rappelle absolument l'article 3 de notre loi constitu-

(1) Das Staatsrecht der Vereinigten Staaten von Amerika, von Holst,
p. 113 et 114.

lionnelle du 17 juin 1871. C'est ainsi qu'en Belgique, le roi ne peut gracier les ministres mis en accusation, que sur la demande de l'une des deux Chambres (art. 91, Constitution belge) (1). En Angleterre, Autriche, Bavière, etc., nous rencontrons des règles analogues. En Angleterre la prérogative royale est dans une certaine mesure paralysée, en cas de meurtre, lorsque le coupable est poursuivi par la veuve ou les proches héritiers de la victime.

Certaines législations apportent une limitation plus ou moins grande aux cas d'application du droit de grâce. Dans le canton du Tessin, la grâce ne peut s'appliquer ni à la pure détention, ni à l'amende simple, ni à l'amende avec réprimande ; dans le canton de Turgovie, elle ne s'applique, en matière de condamnations de droit commun, qu'à des peines dépassant trois ans de bagne ou de réclusion (2).

Notons enfin, qu'en Belgique et en Suède, la grâce, au lieu d'être imposée au condamné, est facultative pour lui, il peut, à son gré, l'accepter ou la refuser. En Norwège et dans les cantons de Berne et de Zug, la possibilité du refus est restreinte au seul cas de commutation de peine. C'est en quelque sorte reconnaître, au profit du condamné, un droit acquis à la

---

( 1) Voir à ce sujet Bard et Robiquet. *La Constit.* de 1875, 2ᵉ Edit, p. 352.

(2) Carl Stoos, *Les Codes pénaux suisses,* 1890.

peine prononcée par le tribunal. Cette opinion est contraire à la pratique suivie en France.

Le principe que la grâce remet les incapacités est admis en Belgique, ceci résulte assurément de l'article 87 du Code pénal belge : « Les incapacités, prononcées par les juges ou attachées par la loi à certaines condamnations, cessent par la remise que le roi peut en faire, en vertu du droit de grâce. » Cet effet de la grâce se comprend fort bien dans la législation belge, qui considère le droit de réhabilitation comme une émanation du droit de grâce (1); on ne pourrait donc argumenter par analogie, pour combattre l'opinion que nous avons défendue précédemment et qui, dans notre législation, refuse à la grâce la possibilité de remettre les incapacités.

Transcrivons enfin, pour terminer ce chapitre, l'article 41 du projet de révision du Code pénal français : « La relégation, l'interdiction de certains droits politiques ou civils, l'interdiction de séjour, le placement dans un établissement de travail, la confiscation spéciale et la publication du jugement, pourront être remis en tout ou en partie par voie de grâce. » Cet article comprend toutes les peines dites accessoires dans la terminologie du projet ; il est

---

(1) Haus, *Principes généraux du droit pénal belge*, tome second, p. 230 et suiv. — Les deux institutions, grâce et réhabilitation judiciaire, existent maintenant simultanément ; *loi belge* du 25 avril 1896.

donc en opposition avec la théorie que nous avons soutenue dans notre étude ; nous ne voyons cependant pas d'objection pratique contre cette généralisation du droit de grâce (1).

Nous avons ainsi terminé l'étude du droit de grâce, il nous reste maintenant à préciser quel est son but et son utilité et à porter une appréciation sur cette institution ; ces différents points feront l'objet d'une troisième partie.

(1) Voir : *Projet de réforme du Code pénal* (partie générale) par M. A. Le Poittevin, professeur à la Faculté de droit de Paris, p. 29.

# TROISIÈME PARTIE

**Utilité et But du Droit de Grâce. Appréciations.**

Le droit de grâce a été très discuté ; défendu par les uns avec chaleur et conviction, il a été combattu par d'autres avec acharnement ; aujourd'hui encore il est l'objet de certaines attaques.

Le premier reproche, qui lui soit adressé, est d'être arbitraire, de dépendre de la seule volonté du Chef de l'État qui pourrait, en abusant de la grâce, énerver la pénalité, établir un nouveau degré de juridiction et, qui sait, soustraire aussi parfois aux justes châtiments qu'ils méritent, certains individus trop particulièrement recommandés. Guizot (1) a parfaitement indiqué cet écueil : « Trop multipliée, la grâce ferait de la clémence royale un nouveau degré de juridiction, un tribunal d'équité appelé à réviser souverainement tous les jugements criminels, et n'offrant, dans l'instruction administrative qui précéderait les

---

(1) Guizot, *de la peine de mort en matière politique,* chap. x.

sentences, ni dans leurs formes, aucune des garanties
sagement exigées des tribunaux ordinaires. » Malgré
cette critique, le célèbre ministre de Louis-Philippe
est amené à reconnaître la nécessité du caractère arbitraire du droit de grâce : « Ballotée entre le besoin
de la justice et l'impossibilité d'accorder à la volonté
perverse ou capricieuse de l'homme le droit de la
régler, la Société a ressenti d'abord les périls de l'arbitraire ; pour s'en affranchir, elle a établi des lois
fixes et des juges indépendants ; tous ses efforts se
sont dirigés contre l'influence des volontés individuelles sur les jugements ; elle a essayé d'écrire
d'avance la justice, d'enchaîner d'avance les juges.
Une grande amélioration a résulté de ces efforts.
Mais l'infinie vérité n'a pas voulu se laisser saisir
tout entière, l'insurmontable nature des choses
n'a pas consenti à se reconnaître toujours dans
le texte des lois. Après avoir lutté contre l'arbitraire, il a fallu y recourir, et de même que la préci-
sion des jugements légaux avait été inspirée contre
les imperfections de l'homme, de même la conscience de l'homme a été invoquée contre l'imperfec-
tion des jugements. » Ce passage de Guizot est le
meilleur plaidoyer que nous puissions donner, pour
légitimer le caractère arbitraire de la grâce ; ce vague
et cette latitude morale sont indispensables à cette
institution pour que, sagement appliquée, elle puisse
uniquement s'inspirer des deux idées de justice et

d'utilité, qui sont sa seule raison d'être et sa seule justification.

Les attaques passionnées, dont la grâce a été souvent l'objet, tiennent à ce qu'elle peut se présenter tour à tour, sous deux aspects bien distincts : suivant qu'elle s'applique à des crimes politiques ou à des crimes de droit commun, elle est une mesure d'ordre essentiellement politique, ou une institution qui se rattache d'une façon intime à la théorie pénitentiaire. Nous allons successivement l'envisager à ce double point de vue ; c'est le meilleur moyen de pouvoir l'apprécier sainement.

### Grâce en matière politique.

Toute mesure d'ordre politique est prise dans l'intérêt du gouvernement qui est au pouvoir : suivant les circonstances, il emploie vis-à-vis ses adversaires, ou la rigueur, ou la clémence.

La grâce, dès qu'elle est envisagée comme un moyen de gouvernement, s'écarte de son rôle essentiel, et perd son caractère élevé et désintéressé. Celui qui l'accorde a moins en vue l'intérêt de la société, que son propre avantage ; la décision est rarement dictée par les mérites personnels du condamné, mais plutôt par la raison d'Etat ; elle est inspirée par la politique et l'esprit de parti, qui, malheureusement, sont le plus souvent la négation de la justice et de l'équité.

Historiquement, c'est le caractère politique qui a dominé dans le droit de grâce ; les luttes dont il fut le prétexte attestent l'importance que rois et seigneurs attachaient à son exercice, ce qui s'explique par les avantages qu'ils espéraient en tirer ; les anciens auteurs n'étudient le droit de grâce qu'au point de vue subjectif ; ils n'indiquent que le profit dont pourra bénéficier le pouvoir central et l'influence heureuse ou néfaste qui en résultera pour le roi et pour le pays. N'est-ce pas ce même sentiment qui ressort de ce passage de Montesquieu : « C'est un grand ressort des Gouvernements modérés que les lettres de grâce ; ce pouvoir que le Prince a de pardonner, exécuté avec sagesse, peut avoir d'admirables effets... Les monarques ont tant à gagner par la clémence, elle est suivie de tant d'amour, ils en tirent tant de gloire, que c'est presque toujours un bonheur pour eux de l'exercer... » et Napoléon, n'envisageait-il pas la grâce uniquement comme un moyen de gouvernement, lorsque, le 3 avril 1808, il écrivait les lignes suivantes à son frère le roi de Hollande : « Pour ne pas discréditer le droit de grâce, il ne faut l'exercer que dans le cas où la clémence royale ne peut déconsidérer l'œuvre de la justice ; dans le cas où elle doit laisser, après les actes

qui émanent d'elle, l'idée de sentiments généreux...
c'est plus particulièrement dans les condamnations
pour délits politiques, que la clémence est bien
placée. En ces matières, il est de principe que si
c'est le souverain qui est attaqué, il y a de la gran-
deur dans le pardon. Au premier bruit d'un délit de
ce genre, l'intérêt public se range du côté du coupable. Si le Prince fait la remise de la peine, les
peuples le placent au-dessus de l'offense, et la cla-
meur s'élève contre ceux qui l'ont offensé. S'il suit
le système opposé, on le répute haineux et tyran ;
s'il fait grâce à des crimes horribles, on le répute
faible ou mal intentionné. La Société le blâme lorsqu'il pardonne à des scélérats, à des meurtriers,
parce que ce droit devient nuisible à la famille sociale. »

Nous venons de rapporter l'opinion d'une grande
autorité en matière de gouvernement ; il est hors de
doute qu'en matière politique la clémence et le pardon, pris dans leur sens générique, sont nécessaires,
je dirai même indispensables. La rigueur se comprend et se justifie au moment où se produisent des
troubles et des mouvements insurrectionnels ; le
gouvernement est alors obligé de sévir vigoureuse-
ment pour maintenir son autorité menacée et intimi-
der les perturbateurs ; c'est indéniable. Mais lorsque
le temps a passé sur les événements, lorsque le
calme s'est rétabli et que les passions se sont apai-

sées, il n'y a plus de raison, dans la plupart des cas, de se montrer inexorable ; l'oubli est souvent alors d'une bonne politique, il s'impose même parfois, et surtout aujourd'hui, où l'instabilité des gouvernements peut facilement amener à la direction des affaires les ennemis de la veille, où, du jour au lendemain, la minorité peut devenir majorité : il faut pardonner pour être pardonné à son tour.

Ce n'est pas le principe de la clémence que nous condamnons en matière politique, mais uniquement l'usage du droit de grâce tel que nous le comprenons aujourd'hui. Il est fâcheux, à notre avis, que la grâce puisse s'appliquer aux délits politiques ; nous avons plusieurs raisons de le croire.

La première est que les décisions gracieuses émanent du Président de la République, d'un Magistrat dont l'irresponsabilité politique est proclamée par la Constitution et qui doit, à la haute situation qu'il occupe, l'obligation de rester en dehors des luttes de partis. Est-il sage, dans ces conditions, de le mêler indirectement à nos discussions et à nos querelles intestines, en le mettant dans la nécessité d'apprécier l'opportunité d'une grâce politique ? Vous voulez qu'il soit le représentant de la France tout entière et non d'une faction, et vous l'amenez infailliblement à se prononcer dans un sens ou dans un autre ; c'est là, assurément, une inconséquence politique qui peut devenir dangereuse, car elle rend la situation du Président de la République bien difficile, peut même le compromettre en le faisant sortir du rôle éminemment élevé qu'il est appelé à jouer dans la direction suprême de l'Etat.

A ce premier inconvénient, nous en trouvons un second. Nous craignons que cette porte, ouverte à la politique, ne finisse par permettre son immixtion définitive dans toutes les questions gracieuses, même dans celles qui s'appliquent à des délits de droit commun. Ce danger est plus grand aujourd'hui que jamais, aujourd'hui que les questions de personnes et de partis ont une tendance marquée à s'immiscer en toutes choses. Ne voyons-nous pas déjà un abus de recommandations plus ou moins intéressées ; de nombreux recours accompagnés de mots de députés ou de sénateurs ? Cela est fâcheux et risque, en se généralisant, de détourner la grâce de son véritable but, en la faisant dépendre de considérations et d'influences qui devraient y être tout à fait étrangères. Un moyen de remédier à ce danger est de proscrire, d'une façon absolue, la politique de la grâce et l'on n'arrivera à ce résultat qu'en décidant que la grâce ne peut plus s'appliquer aux délits politiques.

Qu'on n'objecte pas que cette réforme serait injuste, qu'elle favoriserait les criminels de droit commun, au préjudice des auteurs de délits politiques, car nous réserverions à ceux-ci l'amnistie, dont les effets, plus considérables que ceux de la grâce, conviennent mieux à ce genre d'infractions ; ce qu'il leur faut, c'est le pardon complet et l'oubli. Il est plus rationnel d'autre part que la clémence, en matière politique, découle du pouvoir législatif : en théorie, le meilleur juge en ces matières serait le peuple lui-même, le pays qui, mieux que personne, peut apprécier si tel ou tel fait politique doit être oublié ; il est donc tout naturel de laisser ce soin aux Chambres qui, seules, peuvent représenter d'une façon à peu près fidèle, l'opinion de la majorité, puisqu'elles en sont une émanation directe.

Nous disons que l'amnistie convient mieux que la grâce aux délits politiques ; cela tient à ce que l'amnistie s'adresse aux faits, tandis que la grâce voit avant tout les auteurs de ces faits. Quand il s'agit de délits politiques, que faut-il envisager ? Est-ce le condamné, son amendement, son reclassement ? Nous ne le croyons pas ; ce qu'il faut considérer, c'est le fait brutal, le fait en lui-même, abstraction faite des auteurs. Ceci tient à ce que de tels actes ne dénotent pas nécessairement, chez ceux qui les ont commis, de mauvais penchants ou de la perversité ; un homme peut être parfaitement honnête et se laisser entraîner à des actions qu'il pensait louables et qu'il regrettera peut-être plus tard ; et d'autre part, il faut bien l'avouer, la sanction pénale des faits politiques dépend presque toujours du succès ou de la non réussite de l'entreprise, et leur caractère délictueux semble devenir ainsi tout-à-fait relatif.

Non, ici, la personnalité des agents n'est que secondaire, le fait est tout ; il ne faut pas pardonner parce que tel ou tel individu a été mêlé à l'affaire, il faut pardonner parce que les passions se sont apaisées, parce que la question qui a été la cause des troubles n'est plus irritante, parce que, en un mot, le temps a fait son œuvre. Eh bien, la grâce ne convient pas absolument ici, d'abord parce qu'elle est individuelle, ensuite parce qu'elle ne porte que sur l'exécution de la peine et non sur la condamnation et le fait qui l'a motivée. L'amnistie, au contraire, est tout indiquée, car elle s'adresse au fait, qu'elle efface avec toutes ses conséquences et si les individus sont atteints par elle, ce n'est qu'indirectement.

La réforme que nous proposons ne serait pas si profonde qu'elle pourrait le paraître au premier abord, car il y a déjà une tendance marquée à réserver l'usage de la grâce aux délits de droit commun ; elle aurait de plus l'avantage de compléter la distinction entre les délits politiques et ceux de droit commun : leurs caractères distinctifs ont motivé pour chacun d'eux des peines propres, différant entre elles à de nombreux points de vue ; n'est-il pas dès lors naturel que chacune de ces classes ait aussi un mode de pardon particulier ? Les délits politiques bénéficieraient de l'amnistie et les délits de droit commun de la grâce, qui deviendrait alors une institution d'ordre presque exclusivement pénitentiaire.

2° Grâce en matière de droit commun.

« C'est avoir une trop petite idée du droit de grâce, que de le considérer comme uniquement destiné à faire éclater la bonté personnelle et bénir le nom du Prince ; il peut produire cet effet, et c'est un de ses avantages, mais il se fonde sur des causes plus étendues et des intérêts plus généraux. » Ce passage de Guizot nous laisse entrevoir le rôle que la grâce est appelée à jouer dans les législations modernes : ce n'est plus un privilège, un attribut de la souveraineté, que revendiquent les rois et les chefs d'État dans un sentiment d'égoïsme et d'orgueil ; c'est plus que tout cela, c'est une institution avant tout pénitentiaire qui mérite à juste titre, d'attirer quelques instants notre attention, car elle touche à des questions qui sont d'un grand intérêt social et tout à fait à l'ordre du jour.

Notre premier soin sera d'indiquer rapidement les critiques que certains criminalistes ont cru devoir adresser à la grâce sur le terrain juridique, en nous la montrant comme incompatible avec l'idée de peine ; nous indiquerons ensuite les divers rôles que nous assignons à la grâce et qui consistent à permettre l'application des peines perpétuelles, à remédier, dans une certaine mesure aux erreurs judiciaires et enfin et surtout à favoriser l'amendement et encourager le repentir des condamnés.

### A. — Adversaires du droit de grâce.

L'utilité de la grâce, envisagée au seul point de vue pénitentiaire et abstraction faite des abus politiques possibles, a été contestée par de nombreux auteurs et tout particulièrement vers la fin du xviii<sup>e</sup> siècle. Leurs critiques s'expliquent un peu par le désir qu'ils avaient d'étaler au grand jour les imperfections des institutions pénales d'alors, et de provoquer ainsi d'utiles réformes.

Parmi les principaux adversaires du droit de grâce, nous pouvons citer : Barbeyrac, Filangieri, Beccaria, Brissot de Warville, Bentham, J.-J. Rousseau, Bavoux, etc., qui ont tous combattu son utilité et qui se sont efforcés de démontrer son incompatibilité avec l'application équitable des peines : « Si les lois, a-t-on dit, sont établies pour la sécurité des citoyens, pour l'effroi des malfaiteurs, pour la protection de l'innocence, quel sera le but du droit de grâce, dont l'effet est d'imposer silence à la loi et de protéger le coupable ? »

Tous les efforts de ces criminalistes consistent à opposer la grâce à la peine et à démontrer qu'elles s'excluent l'une l'autre. « Si la grâce est juste, la loi est mauvaise ; si la loi est bonne, la grâce est une violation de la loi, nous dit Filangieri. Dans le premier cas il faut abolir la loi ; dans le second il faut rejeter la grâce. » C'est aussi l'avis de Bentham : « Si les lois sont trop dures, le pouvoir de faire grâce est un correctif nécessaire ; mais ce correctif est encore un mal. Faites de bonnes lois, et ne créez pas une baguette magique qui ait la puissance de les annuler. Si la peine est nécessaire, on ne doit pas la remettre ; si elle n'est pas nécessaire, on ne doit pas la prononcer. »

De tels arguments, de tels dilemnes sont spécieux et ne reposent sur aucune raison sérieuse. Si on les regarde de près, on s'aperçoit bien vite qu'ils n'ont pour base qu'une pétition de principe qui consiste à dire que la grâce est la négation de la loi et que le pardon prouve l'inutilité de la peine ; or, c'est justement ce qu'il faudrait démontrer et il ne suffit pas pour cela de dire après Pétion : « Ou l'accusé est innocent, ou il est coupable ; s'il est innocent, il n'a pas besoin de lettres de grâce, s'il est coupable, c'est une grande injustice de lui faire grâce. » Au moment du jugement, cela est très vrai, il faut condamner ou absoudre suivant la culpabilité ou l'innocence de l'accusé ; mais, plus tard, les circonstances peuvent se modifier, de nouvelles considérations peuvent surgir, qui rendent souhaitable et parfois nécessaire l'application de la grâce ; nous allons tâcher de démontrer cette proposition en envisageant successivement les divers rôles de la grâce.

### B. — Rôles de la grâce.

Le premier rôle de la grâce est de permettre l'emploi des peines perpétuelles. Rien n'est plus décevant pour un homme et plus démoralisant, que la certitude qu'il a, d'être à tout jamais et pour toute son existence séparé de la société et soumis à un châtiment qui ne doit finir qu'avec sa vie, qui n'aura d'autre terme que sa mort ! Les peines perpétuelles, pour être légitimes, doivent encore être moralisantes, or, elles ne peuvent l'être qu'en laissant au condamné l'espérance, si petite soit-elle, de voir récompenser sa bonne conduite et son assiduité au travail par une abréviation dans sa peine. Il faut qu'il puisse racheter sa faute, que ses efforts et sa bonne volonté aient un but possible à atteindre, son reclassement. Il faut qu'il puisse se laver de la tare qui le souille, si non, dès qu'il saura que, quoiqu'il fasse, il ne pourra jamais se réhabiliter, c'est un homme fini, un homme désespéré, capable de tout, sauf de son amendement.

Le Code de 1791 avait bien compris que les peines perpétuelles n'étaient possibles qu'en donnant aux condamnés le moyen et l'espoir de s'en faire relever ; aussi les supprima-t-il, comme conséquence de l'abolition du droit de grâce, et, bientôt après, elles étaient rétablies, en même temps que le droit de grâce, par le sénatus-consulte du 16 thermidor an X.

Lors de la discussion du projet du Code pénal, en 1810, la Commission du corps législatif émit cette idée d'amendement et de reclassement, quand elle proposa une disposition additionelle, qui aurait autorisé le gouvernement à remettre aux condamnés à perpétuité, à raison de leur bonne conduite, une partie de la peine : « Le but de cette disposition, disait-elle, est moral et ne détruit point le principe de la perpétuité. Celle-ci, établie par le projet du Code, ouvre au condamné une carrière à l'extrémité de laquelle il ne voit que la cessation de son existence ; dans cet état, et sans espoir, il n'a point d'intérêt à se bien conduire et à devenir meilleur ; il peut se livrer à des excès ou à des crimes envers ses gardiens, ses compagnons et même des citoyens ; on ne le contiendra que par une inflexible sévérité, qui peut même être souvent en défaut à son égard. Si, au contraire, une lueur d'espérance se faisait entrevoir pour lui, elle offrirait une espèce de garantie dans sa conduite, en l'engageant à chercher à se rendre digne d'un adoucissement. » Ces lignes pourraient s'appli-

quer à merveille à la grâce, et du reste, si en 1810 le
Conseil d'Etat n'admit pas cette proposition, c'est
qu'elle lui sembla faire double emploi avec la grâce.
Depuis cette époque on s'est rallié à cette proposition, et les lois des 30 mai 1854 (articles 11 à 14),
31 mai 1854 (article 4), 23 mars 1873 (articles 7 à 17)
et 27 mai 1885 (article 17) sur la remise des incapacités aux condamnés dans les Colonies, sont conçues
dans un même esprit d'encouragement et d'espoir à
l'adresse des condamnés à perpétuité.

Ces considérations nous prouvent que la grâce,
loin d'être incompatible avec la peine, sert au contraire parfois, à rendre son application acceptable et
moralisante pour le condamné ; nous allons voir
qu'elle en est quelquefois le correctif nécessaire.
C'est bien là, le second rôle que nous avons assigné
à la grâce, lorsque nous disions qu'elle pouvait remédier, dans une certaine mesure, aux erreurs judiciaires et corriger les inperfections inhérentes à toute
œuvre humaine. Au moment du jugement, les juges
ont pu parfaitement être convaincus de la culpabilité du prévenu ; puis, plus tard, des faits nouveaux
peuvent surgir qui font naître des doutes et présumer
de l'innocence du condamné, sans pourtant permettre
la révision du procès. Dans ce cas, il n'y a pas d'hési-
tation possible, il faut donner une première satisfaction à ce condamné et lui accorder une réparation
au moins relative, en attendant le moment de pou-

voir le réhabiliter complètement. La grâce est alors
tout indiquée, à défaut d'autre remède plus efficace.
Qu'on ne vienne pas nous dire que ce correctif ne se
comprend que pour les législations imparfaites; Foucart (1) a répondu pour nous à cette objection : « La
législation serait parvenue au degré chimérique de
perfection dont parle Bentham, que le droit de grâce
ne serait pas encore inutile, car la législation a toujours pour interprètes des hommes sujets à l'erreur,
et il peut arriver que l'innocence d'un condamné acquière un degré de probabilité qui ne soit pas assez
grand pour autoriser une révision de son procès,
mais qui suffise cependant pour ne pas le laisser
dans les fers. » La perfection plus ou moins relative
d'une législation et les garanties apportées au bon
fonctionnement de la justice ne peuvent que rendre
moins fréquente l'application de la grâce ; mais ne
sauraient jamais en faire une institution inutile et su-
perflue. Il ne faut pas perdre de vue aussi, que les
lois ne font que prévoir, dans leur ensemble, des faits
ayant des caractères communs, mais n'envisagent
pas les faits particuliers, qui varient à l'infini. Il en
résulte que la loi ne peut jamais être juste d'une
façon absolue, aussi faut-il toujours concilier les dispositions générales avec l'équité particulière ; la
grâce peut remplir cet objet une fois le jugement

---

(1) Foucart, *Eléments de droit public et administratif*, t. I, p. 114.

rendu et adoucir la peine si l'intérêt social l'exige ; dans ce sens, nous dirons, à l'inverse de Beccaria, que la clémence doit être non dans les lois, mais dans l'exécution des lois — Il faut noter, qu'au point de vue qui nous occupe, le droit de grâce a perdu de son utilité depuis la réforme de 1832 qui généralisa la théorie des circonstances atténuantes et permit au juge, non pas seulement de puiser ces circonstances dans les éléments de fait du procès pénal, mais encore à les employer pour rectifier des incriminations qu'il jugerait trop rigoureuses et pour écarter l'application d'une peine qu'il ne croirait plus d'accord avec les mœurs : la grâce n'est plus nécessaire pour obvier à ces deux inconvénients, les circonstances atténuantes suffisent (1).

La grâce est aussi accordée parfois comme récompense d'actes de courage ou de dévouement, c'est ce qui ressort de l'art. 4 du Décret du 4 septembre 1891, relatif au régime disciplinaire des établissements de travaux forcés aux colonies : «... des propositions exceptionnelles [de remise ou de réduction de peine] peuvent être faites en faveur des condamnés de 2e ou 3e classe, qui auraient accompli des actes de courage et de dévouement. »

Le dernier rôle que la grâce ait à remplir consiste

_________

(1) En Belgique, la grâce joue bien un rôle analogue lorsqu'elle s'applique à la peine de mort qui, de fait, n'est plus exécutée depuis plus de trente ans.

à encourager le repentir et à favoriser l'amendement du coupable ; ce but est sans contredit le plus élevé qu'elle ait à poursuivre et à réaliser.

Cette idée d'amendement et de reclassement du condamné est relativement récente et ne remonte pas à plus de cinquante ans ; la première loi qui s'y rattache est celle du 5 août 1850, sur l'éducation et le patronage des jeunes détenus.

Avant la Révolution, la législation pénale reposait sur les trois idées de vindicte publique, d'expiation et d'utilité, et ce dernier caractère se manifestait par des procédés d'intimidation, qui conduisaient à des rigueurs excessives et nullement nécessitées par la défense de la société. On inventait des supplices atroces, témoin celui de Damiens, condamné à mort le 26 mars 1757 pour avoir tenté d'assassiner Louis XV : l'arrêt ordonne qu'il subira la question préalable et qu'il fera amende honorable à la porte de l'église ; puis il sera conduit à l'échafaud, on le tenaillera aux mamelles, bras, cuisses et gras des jambes ; sa main droite sera brûlée avec de l'huile bouillante, de la poix de résine brûlante, de la cire et du soufre fondus ensemble. Puis il sera écartelé ; son corps et ses membres seront jetés au feu et réduits en cendres, et ses cendres jetées au vent ; ses biens seront confisqués, sa maison sera enfin démolie et défense est faite d'élever à l'avenir aucun bâtiment sur son emplacement.

De telles atrocités devaient amener une réaction, elle se produisit vers le milieu du xviiie siècle ; Montesquieu, en 1749, blâme dans son *Esprit des lois* les peines excessives ; Beccaria, en 1764, assigne à la repression sa véritable limite dans son *Traité des délits et des peines*, en proposant de réduire les châtiments aux seules rigueurs nécessaires pour assurer le maintien de la sécurité publique ; Voltaire approuve ces déclarations dans son *Commentaire sur Beccaria* ; la magistrature demande les mêmes réformes par la voix éloquente de l'avocat général Servan (1), et la royauté, devant une telle unanimité, est obligée de les promettre par l'Édit du 1er mai 1788, mais la Révolution ne lui permet pas de les accomplir.

C'est la célèbre déclaration des droits de l'homme, du 26 août 1789, qui devait contenir dans ses articles 5 et 8 les deux principes qui marquent la limite des incriminations et la mesure des peines : « La loi n'a le droit de défendre que les actes nuisibles à la société » nous dit l'article 5, et l'article 8 ajoute « la loi ne peut établir que des peines strictement et évidemment nécessaires. » La conséquence de ses principes fut un adoucissement dans la pénalité, on comprit que ce n'est pas tant l'atrocité des châtiments, qui intimide les malfaiteurs, que la presque certitude

_______

(1) Discours de rentrée prononcé devant le Parlement de Grenoble en 1767.

où ils sont d'être punis, aussi tous les efforts tendi-
rent-ils à apporter des améliorations dans l'administration de la justice : l'histoire de notre législation
pénale de 1810 à nos jours est là pour attester des
progrès réalisés.

Les dernières étapes de cette histoire nous révè-
lent la préoccupation constante, chez les criminalistes
contemporains, de voir dans la peine, non pas seulement un châtiment, mais aussi un moyen de reclassement ; ils veulent tout à la fois punir et guérir.

Il nous paraît intéressant d'envisager ici certaines
institutions récentes, qui ont pour but l'amendement des condamnés ; nous ne croyons utile d'envisager que celles qui, comme la grâce, poursuivent le
reclassement du coupable en le dispensant de subir
tout ou partie de sa peine. Nous ne nous occuperons
donc ni de l'influence des théories pénitentiaires sur
l'organisation pratique des prisons, ni des institutions, telles que les patronages, destinées à favoriser
le reclassement des libérés. Malgré l'intérêt qu'elles
présentent et les questions théoriques qu'elles sou-
lèvent, nous ne saurions les étudier ici, sans sortir
de notre sujet.

Le côté moralisateur de la peine n'avait pas été
envisagé par le législateur de 1810 ; il s'était uniquement occupé de rendre la peine exemplaire. En 1818,
cependant, l'administration commence à s'occuper de
l'amendement ; nous avons eu occasion de le cons-

tater lorsque nous avons parlé de l'ordonnance du
6 février 1818, qui institua pour la première fois les
grâces collectives et périodiques dans le but de remettre aux détenus les plus méritants une partie de
leur peine. En 1832, l'idée de réclassement vient
s'ajouter à celle d'amendement ; une circulaire, du 9
décembre de cette même année, recommande la libération conditionnelle des jeunes détenus sous le nom
de « mise en apprentissage » ; cette institution passa
dans la loi du 5 août 1850, qui ajouta celle du patronage. Plus tard, on s'occupa du reclassement, dans les
colonies, des condamnés qui y sont transportés pour
subir une peine primitive de la liberté (lois du 30
mai 1854, sur l'exécution de la peine des travaux
forcés ; du 31 mai de la même année, portant abolition de la mort civile ; du 25 mars 1873, sur la condition des déportés, et du 27 mai 1885, article 17, sur
les récidivistes). En dernier lieu, la loi du 14 août 1885
créa des institutions destinées à favoriser le reclassement des libérés adultes en France et en Algérie, et
principalement la libération conditionnelle ; et enfin
celle du 26 mars 1891, sur l'atténuation et l'aggravation des peines, que, par un légitime hommage, le
public qualifié du nom de son promoteur, loi Bé-
ranger, établit la faveur du sursis (1).

Nous avons déjà dit que nous éliminions de notre

___

(1) Voir l'ouvrage de M. Laborde ; pp. 179 et 222.

étude l'exposé des théories pénitentiaires sur l'organisation pratique des prisons et les institutions de patronages, qui s'écartent de notre sujet ; nous ne parlerons pas non plus du reclassement des condamnés transportés dans les colonies, car nous avons déjà eu occasion de nous en occuper; il ne nous reste donc qu'à dire quelques mots de la libération condition-nelle et du sursis, comparés avec la grâce et envisagés uniquement au point de vue de leurs effets sur l'exécution de la peine ; intervertissant l'ordre chronologique des lois, nous allons commencer par celle du 26 mars 1891 qui institua le sursis.

### 1° Du sursis.

L'institution du sursis résulte des articles 1 et 2 de la loi du 26 mars 1891. « En cas de condamnation à l'emprisonnement ou à l'amende, si l'inculpé n'a pas subi de condamnation antérieure à la prison, pour crime et délit de droit commun, les cours ou tribunaux peuvent ordonner par le même jugement, et par décision motivée, qu'il sera sursis à l'exécution de la peine. — Si, pendant le délai de cinq ans, à dater du jugement ou de l'arrêt, le condamné n'a encouru aucune poursuite suivie de condamnation à l'emprissonnement ou à une peine plus grave pour crime ou délit de droit commun, la condamnation sera comme non avenue. — Dans le cas contraire, la première peine sera d'abord exécutée sans qu'elle puisse se confondre avec la seconde. »

Le sursis consiste donc dans la suspension ou remise de la peine sous la condition résolutoire de la mauvaise conduite du condamné pendant un délai de cinq ans. Cette mauvaise conduite résulte d'une poursuite postérieure, suivie de condamnation à l'emprisonnement.

La faveur du sursis ne s'applique qu'aux condamnations à l'emprisonnement, où à l'amende ; pour l'emprisonnement elle ne peut comprendre que les délinquants primaires ; des condamnations antérieures à l'amende ne rendent pas impossible l'application de cette faveur.

Appliqué à l'emprisonnement, le sursis a pour but principal d'épargner au délinquant primaire les contacts démoralisateurs de la prison et la flétrissure que l'opinion publique attache à l'exécution de cette peine ; appliqué à l'emprisonnement et à l'amende, il provoque l'amendement du coupable, en faisant dépendre l'exécution de la peine de sa conduite postérieure : « Une faute même grave, a dit M. Bérenger, commise dans un mouvement de soudaine surprise, dont les vies les plus pures ne sont pas toujours exemptes, ne suppose pas nécessairement la dépravation. Loin d'entraîner, malgré le désordre momentané qu'elle a causé, un danger pour la société, elle

peut devenir pour les natures droites et honnêtes le
point de départ d'une vigilance plus grande sur leur
conduite, et concourir même, par la sincérité du
repentir et la continuité de l'effort, à leur amélioration. »

Le sursis, dans les cas ou il est possible, produit des
effets plus considérables que ceux d'une grâce conditionnelle, car la condamnation est alors comme non
avenue (art. 1ᵉʳ, § 2) ; de plus, au lieu d'être octroyé
après le jugement et accordé par le pouvoir exécutif,
il est ordonné par le jugement lui-même et dépend
de l'appréciation du juge. De même que la grâce, la
suspension de la peine ne comprend ni le paiement
des frais du procès et des dommages-intérêts, ni les
peines accessoires et les incapacités résultant de la
condamnation.

La question de savoir, si en droit, une mesure gracieuse pourrait intervenir à l'égard d'un condamné
qui a déjà bénéficié du sursis, ne saurait, pensons-
nous, présenter de difficulté ; le sursis, quoiqu'il soit
une faveur pour celui à qui il est accordé, n'en constitue pas moins un mode d'exécution de la peine,
qui peut, à son tour, être modifié par une grâce ;
celle-ci pourrait, par exemple, remettre définitivement et irrévocablement l'exécution de la peine
prononcée ou les incapacités encourues par la condamnation, suivant les règles que nous avons précédemment posées. Mais, en fait, nous ne croyons pas

qu'une grâce ne soit jamais accordée à un condamné qui a déja bénéficié du sursis. Quel but l'Etat poursuivrait-il en agissant ainsi ? Pourquoi renoncerait-il à la principale garantie qu'il ait de la bonne conduite du condamné en rendant de suite irrévocable la remise de l'exécution de la peine ? Le condamné, de son côté, ne peut se plaindre puisque l'exécution de sa peine dépend uniquement de sa conduite, j'irai même plus loin et j'estime que le recours en grâce qu'il formulerait pourrait être mal interprété, en ce sens qu'il indiquerait chez lui de la défiance de lui-même et la crainte de n'avoir pas la force de caractère nécessaire pour lutter contre ses mauvais penchants.

Le caractère révocable du sursis constitue à notre avis, un avantage réel sur l'irrévocabilité de la grâce, l'individu qui sait que la faveur dont il est gratifié dépend uniquement de sa bonne conduite, a intérêt à suivre la voie du bien et à combattre ses mauvais instincts ; c'est le meilleur stimulant qu'on puisse lui donner, car, il est bien vrai de dire que, le plus souvent, l'intérêt dicte à l'homme ses pensées et ses actes.

Avant d'indiquer l'influence que l'institution du sursis a dû avoir sur l'application de la grâce, exposons brièvement les règles essentielles de la libération conditionnelle.

## 2° Libération conditionnelle.

La libération conditionnelle est une institution d'origine anglaise, qui se retrouve dans plusieurs Codes récents, notamment dans les Codes allemand, hongrois, hollandais et italien ; en France elle date de la loi du 14 août 1885.

Cette libération consiste dans un élargissement anticipé, mais révocable, destiné à permettre à un détenu, qui paraît amendé, de faire un essai de la liberté. Elle devient définitive si elle n'a point été révoquée avant l'expiration du temps que devait durer la peine (art. 2, § 4).

Cette faveur peut être accordée à tout condamné qui subit une peine temporaire privative de la liberté dans un établissement pénitentiaire de France ou d'Algérie (art. 1, 2, § 1) telle que la détention, la réclusion ou l'emprisonnement. Il ne peut naître quelques doutes qu'à propos des forçats à temps maintenus dans les établissements précités ; d'après une première opinion, la libération conditionnelle leur serait applicable, et l'on argumente en ce sens de la généralité du terme *emprisonnement* employé par l'article 2, §§ 1 et 2 ; d'après une seconde opinion, soutenue par M. Garraud (1), la situation des forçats

(1) Garraud, *Précis*, p. 178.

à temps, qui purgent leur peine en France ou en Algérie, serait réglée au point de vue de la libération conditionnelle par un décret du 17 juin 1880.

« La libération conditionnelle est une faveur imposée au détenu à la suite de la constatation journalière de sa conduite et de son travail. Elle ne peut être obtenue qu'après un certain temps passé en prison, temps qui varie suivant le taux de la condamnation et les antécédents des condamnés. » Pour le détail des conditions d'application nous renvoyons aux textes (articles 1 et 2) ; notons simplement qu'elle laisse en dehors de son action bienfaisante les condamnés à moins de trois mois d'emprisonnement ; sur ce point la loi du sursis est venue heureusement remédier, dans une certaine mesure, à l'insuffisance de la libération conditionnelle.

Le libéré conditionnel reçoit un permis de libération, énonçant certaines conditions spéciales auxquelles il doit se conformer ; il est soumis à un mode de surveillance et cette surveillance peut même être confiée aux Sociétés de patronage (art. 2, § 3 ; art. 6). La mise en liberté peut être révoquée, en cas d'inconduite habituelle et publique ou d'infraction aux conditions spéciales exprimées dans le permis de libération ; le libéré conditionnel est alors réintégré en prison pour toute la durée de la peine non subie au moment de la libération (art. 5, § 1). C'est le Ministre de l'intérieur qui accorde ou ré-

voque la libération conditionnelle, après une instruction administrative (1).

L'institution de la libération conditionnelle répond
très bien aux *desiderata* exprimés lors de la discussion
du projet du Code pénal de 1810 dans la disposition
additionnelle proposée par la Commission du corps
législatif, avec cette seule différence, qu'au lieu de
s'appliquer aux peines perpétuelles, elle s'adresse
aux peines temporaires privatives de liberté.

La libération conditionnelle est, à notre avis, très
féconde en son principe et nous regrettons qu'elle ne
soit pas plus communément employée ; elle stimule
la bonne conduite et le travail du condamné en lui
faisant espérer la récompense de ses efforts et de sa
bonne volonté ; elle encourage aussi son amendement, et, une fois libéré, elle le tient en haleine, en
lui faisant craindre comme punition d'une rechute,
la révocation de la faveur accordée.

La révocation de la libération conditionnelle, de
même que le délai d'épreuve du sursis, sont des garanties de la bonne conduite du condamné, des
gages de son amendement ; c'est surtout à ce point
de vue que ces deux institutions nous semblent supérieures et préférables au droit de grâce ; l'irrévocabilité de la grâce est souvent un danger pour la
société, qui perd vis-à-vis du gracié toute ga-

(1) A. Laborde, *ov. cit*, p. p. 223, 224 et 225.

rantie effective de son amendement et qui se trouve désarmée devant l'ingratitude assez fréquente de celui qui a bénéficié d'une mesure gracieuse.

Le rapide aperçu que nous venons de donner de ces institutions récentes, joint à ce que nous avons déjà dit des mesures administratives qui peuvent être prises en faveur des condamnés transportés dans les colonies, était nécessaire, pour que nous puissions apprécier l'utilité et l'importance du droit de grâce dans l'état actuel de notre législation ; c'est ce point que nous allons tâcher d'établir dans le paragraphe suivant.

#### 3º Utilité et importance actuelle du droit de grâce.

Pour apprécier l'utilité et l'importance actuelle du droit de grâce dans notre législation, il nous faut l'envisager d'abord au point de vue des divers rôles qu'il est appelé à jouer, et ensuite dans son application aux diverses peines, suivant des distinctions que nous indiquerons bientôt.

Les rôles principaux que nous avons assignés à la grâce étaient de remédier aux erreurs inévitables des tribunaux, de suspendre l'exécution des peines lorsque l'intérêt social l'exige, et enfin de favoriser l'amendement et d'encourager le repentir.

Comme autrefois, la grâce est aujourd'hui appelée

à remédier aux erreurs judiciaires, toujours possibles malgré les améliorations et les garanties, qui ont pu être apportées dans l'administration de la justice ; aussi, dirons-nous qu'à ce point de vue la grâce est aussi utile que précédemment et qu'elle a la même raison d'être, quoique on puisse soutenir que le quatrième cas de révision institué par la loi du 8 juin 1895 ait un peu enlevé de son importance (1). Nous n'insisterons pas davantage sur ce point que nos explications antérieures suffisent à compléter.

Nous avons dit, en second lieu, que la grâce servait à suspendre l'exécution des peines dans les cas où l'intérêt social l'exige : ce rôle peut s'appliquer à deux situations bien distinctes : aux faits politiques et aux faits de droit commun : nous avons envisagé les premiers, nous n'y reviendrons pas ; en ce qui touche aux seconds, la grâce, si elle s'adresse souvent aux mêmes délits, peut avoir pour but unique d'atténuer la rigueur de certaines pénalités et d'indiquer, que les peines édictées par le Code paraissent trop graves aux yeux de l'opinion publique et ne répondent plus aux mœurs du temps. Depuis la réforme de 1832, qui a généralisé la théorie des circonstances atténuantes, la grâce ne saurait plus être appelée à jouer ce rôle, car le juge a le pouvoir, comme nous

_____

(1) Voir articles 443, 4° du *C. d'inst. crim.* modifié par la loi du 8 juin 1895.

l'avons déjà dit plus haut, de réformer la législation pénale, pour la mettre en harmonie avec les besoins et les idées du jour.

Nous abordons enfin le troisième rôle de la grâce, qui consiste à favoriser l'amendement et le repentir du condamné. Il est hors de doute que les récentes institutions pénitentiaires, dont nous avons parlé, ont enlevé de l'importance et de l'utilité au droit de grâce, puisqu'elles poursuivent le même but et cherchent à atteindre le même résultat. Il est évident qu'elles lui font concurrence, mais cette concurrence, si nous pouvons nous exprimer ainsi, se fait plus ou moins sentir suivant certaines catégories de peines ; à ce point de vue, nous distinguerons les peines temporaires restrictives de la liberté subies en France ou en Algérie, l'amende, les peines qui s'exécutent par la transportation dans les colonies et enfin la peine de mort.

Nous avons vu que la libération conditionnelle peut s'appliquer à toutes les peines temporaires privatives de la liberté, subies en France ou en Algérie, sauf à celles qui sont inférieures à trois mois de prison ; nous savons de plus que la faveur du sursis peut être accordée à tous les condamnés primaires à l'emprisonnement ; c'est donc vis-à-vis cette catégorie de peines que la grâce a perdu notablement de son importance ; les garanties offertes à la Société par le sursis et la libération conditionnelle, doivent faire préférer ces deux institutions à celle de la grâce qui, à notre avis, a le grand inconvénient d'être irrévocable.

Pour l'amende, nous n'avons que le sursis à opposer à la grâce ; évidemment, en pratique, la grâce ne sera plus applicable dès qu'une amende aura été prononcée avec application de la loi Bérenger ; mais, nous devons reconnaître que la grâce reste encore aujourd'hui le seul moyen de remettre une amende après le prononcé du jugement. Qu'il nous soit permis de regretter ici de ne point trouver dans notre législation une institution dans le genre de la libération conditionnelle et applicable à l'amende, une sorte de remise conditionnelle, qui pourrait avantageusement suppléer à la grâce proprement dite.

Le législateur s'est aussi occupé, à plusieurs reprises, de l'amendement et du reclassement des condamnés qui sont transportés dans les Colonies ; les lois des 30 et 31 mai 1854, du 25 mars 1873, le décret du 18 juin 1880, réglant le régime disciplinaire des établissements des travaux forcés, et la loi du 27 mai 1885 sont là pour témoigner de ses efforts, et ont pour résultat de rendre moins fréquente l'application de la grâce ; en pratique, il est du reste assez rare que ses condamnés soient dignes d'une mesure gracieuse ; leurs antécédents s'opposent, le plus souvent, à ce qu'ils bénéficient de semblables faveurs.

Reste enfin la peine de mort ; pour elle, l'utilité de

la grâce reste pleine et entière ; elle est aussi nécessaire aujourd'hui qu'autrefois, elle est même, peut-être, plus nécessaire encore car elle seule peut légitimer le maintien de la peine capitale dans notre Code ; nous dirons donc que, sur ce point, nous sommes complètement partisans de la pratique actuelle qui veut que tout condamné à mort soit l'objet d'un recours en grâce d'office ; il s'agit de la vie d'un homme, cette considération justifie à elle seule le maintien de la pratique actuellement suivie.

Notons que beaucoup de pays emploient le procédé de la grâce, abstraction faite de la moralité du coupable, pour diminuer ou abolir en fait l'application de la peine capitale ; il en est ainsi en Belgique où la peine de mort ne s'applique plus depuis plus de trente ans.

Laissant de côté la grâce en matière de peines capitales, la conclusion des quelques rapides aperçus qui précèdent est que la grâce est moins nécessaire et moins utile qu'autrefois et que, logiquement, ses cas d'application devraient être moins nombreux. Pourtant, si nous consultons les statistiques fournies par le bureau des grâces, nous serons étonnés de voir toujours s'accroître le nombre des grâces accordées. Cela tient, croyons-nous, à deux causes principales : à ce que, depuis la circulaire ministérielle du 25 juin 1875, tous les recours en grâce sont mis à l'instruction, et aussi à ce que l'institution de la grâce

est de plus en plus connue du public des condamnés
et principalement de ceux qui sont frappés d'amendes
qui y voient, non seulement un moyen d'éviter parfois leur condamnation, mais encore un expédient
certain de gagner du temps et de retarder l'exécution
de leur peine.

La trop grande facilité donnée aux condamnés
pour mettre en mouvement l'instruction des recours
en grâce peut, suivant nous, avoir pour inconvénient
d'augmenter dans de trop grandes proportions le
nombre des grâces, de faire dégénérer cette institution en véritable abus, et enfin d'énerver la pénalité,
ce qui serait fâcheux, aujourd'hui surtout que l'armée
du crime a une tendance marquée à s'accroître dans
des proportions inquiétantes.

Dans un dernier chapitre, qui servira de conclusion à notre étude sur le droit de grâce, nous allons
nous permettre d'esquisser certaines modifications,
qui, à notre humble avis, pourraient, tout en remé-
diant à l'extension trop grande de cette institution,
lui permettre de favoriser d'une manière plus sûre
l'amendement des condamnés.


### 4° Conclusion.


La conclusion de cette étude sur le droit de grâce
doit s'inspirer de cette idée essentielle que le droit

de grâce, après de nombreuses vicissitudes, a fini par devenir une institution d'ordre avant tout pénitentiaire.

Cette constatation est très importante, car elle a pour conséquence de modifier le point de vue auquel il faut se placer pour envisager le droit de grâce ; on ne doit plus s'occuper des avantages personnels que le chef d'Etat peut retirer de l'exercice de ce droit, mais uniquement des effets utiles et heureux que son application peut produire tant au profit du condamné qui en bénéficie, que de la Société qui l'accorde.

Nous allons réunir ici les principales critiques que nous avons cru devoir élever au sujet de l'organisation actuelle du droit de grâce, et nous indiquerons en même temps les quelques modifications qui, d'après nous, pourraient y être apportées ; elles peuvent se classer en trois groupes distincts suivant qu'elles touchent à l'étendue, aux effets ou à l'instruction proprement dite du recours en grâce.

Nous avons déjà eu l'occasion d'indiquer les inconvénients que présentait, à notre avis, l'application de la grâce en matière politique ; nous n'y reviendrons pas et nous nous contenterons de renouveler ici notre appréciation et d'émettre le désir que la grâce soit uniquement réservée aux délits de droit commun et l'amnistie aux délits politiques.

On pourrait aussi, nous semble-t-il, restreindre le droit de grâce aux crimes et délits et ne plus l'accor-

der en matière de simple police. Il est à noter, que
dans les grandes villes et particulièrement à Paris,
les individus condamnés en simple police adressent
souvent des recours en grâce, il n'est même pas rare
de voir de pareilles suppliques faites pour des
amendes de cinq et même de un franc. Ces demandes en grâce s'expliquent dans certains cas, par
l'ignorance des intéressés, qui s'imaginent que le
Président de la République peut leur faire remise
des frais et des dommages intérêts. Nous ne voyons
aucun inconvénient à supprimer la grâce en matière
de contraventions. Il n'y a pas à parler ici d'amendement, ni de reclassement, et d'autre part, la mo-
dicité des peines (cinq jours de prison et quinze francs
d'amende au maximum), rend extrêmement rares les
cas où de telles faveurs sont dictées par la situation
malheureuse du condamné, d'autant plus que l'administration pourrait y suppléer, en accordant de
nombreuses facilités dans l'exécution des peines
encourues.

La critique la plus sérieuse que nous croyons pouvoir adresser à la conception actuelle du droit de
grâce est son caractère d'irrévocabilité; il y aurait,
suivant nous, de grands avantages pratiques à poser
comme principe la révocabilité des mesures gracieuses; cette réforme ferait d'abord cesser les ano-
malies que nous avons relevées dans les cas où la
théorie de la grâce vient se combiner avec celle du

non-cumul des peines; nous avons, d'autre part, déjà indiqué les autres raisons qui militent en faveur de cette réforme, lorsque nous envisagions, dans leurs principaux effets, la libération conditionnelle et le sursis, aussi renvoyons-nous à nos précédentes explications. Disons simplement que cette réforme ne saurait comprendre les commutations de peines accordées à des condamnés à mort; il serait cruel et inhumain de prolonger pour ces criminels l'incertitude et le doute : *Morsque minus pœnæ quam mora mortis habet*; aussi serions-nous d'avis de maintenir pour celles-ci le principe de l'irrévocabilité.

Quelques modifications pourraient enfin être apportées dans l'instruction proprement dite des recours en grâce autres que ceux s'appliquant aux condamnés à mort, dans le double but de soustraire le plus possible la grâce à toute influence politique et de restreindre, dans une certaine mesure, le nombre toujours croissant des grâces accordées.

Le moyen d'atteindre ce double résultat serait, croyons-nous, de donner plus d'importance à l'enquête à laquelle se livrent les magistrats et aux renseignements que les directeurs de prison sont appelés à fournir sur les détenus : on pourrait décider, en révisant la constitution sur ce point, que les recours ne sauraient être admis qu'après enquête favorable des magistrats et avis conforme des directeurs de prison : Les Chefs de parquets et l'administration pénitentiaire devraient avoir le droit de s'opposer à l'admission des recours en grâce qui ne leur paraîtraient pas justifiés.

L'influence plus grande donnée aux magistrats. dans l'instrution des recours en grâce, aurait pour conséquence de contrebalancer les préoccupations politiques, et de restreindre dans une sage proportion le nombre des faveurs gracieuses ; la pénalité ne risquerait plus alors d'être énervée par des remises de peines trop fréquentes, et la grâce, judicieusement octroyée, pourra concourir, avec les autres institutions pénitentiaires similaires, à favoriser l'amendement et le reclassement des condamnés au grand profit de la société et de l'humanité.

Vu :

Le président de la thèse,

LE POITTEVIN.

Vu :

Par le doyen,

GARSONNET.

Vu et permis d'imprimer :

*Le Vice-Recteur de l'Académie de Paris,*

GRÉARD.

# TABLE DES MATIÈRES

## TROISIÈME PARTIE

### Utilité et but du droit de grâce.